20 QCM

A2+

questionnaires à choix multiple

et

30 TESTS

+ les corrigés

EN FRANÇAIS

+ fiches grammaticales

nathalie bouvier

Auteure et responsable de projet :

Nathalie Bouvier

Conception graphique et couverture :

Pedro Hernández

ISBN 978-1-4717-3865-4

SOMMAIRE

Pour chaque questionnaire à choix multiple...

... trouvez la bonne réponse !

QCM 1

1. Quelque .... ne va pas dans cette chambre.
    a) meubles   b) lit
        c) chose   d) parts

2. Il ne reste .... du chocolat.
    a) rien   b) peu
        c) toujours   d) que

3. Il va en voyage avec ses amis. Il .... va.
    a) y   b) leur
        c) en   d) leurs

4. Ils ont .... emmener leur petit frère.
    a) peuvent ✓   b) pouvoir
        c) pu   d) peux

5. Va chercher du pain ; va .... chercher !
    a) y   b) de
        c) du   d) en

6. Faites la partie écrite ; faites .... !
    a) les   b) lui
        c) la   d) une

7. Je viens de Rome ; j'................ viens.
    a) ai   b) eu
        c) y   d) en

8. Demande à ta mère la permission ! Demande -............!
    a) le   b) leur
        c) leurs   d) lui

9. Il n'est pas tranquille ; il est ....
    a) gentil   b) nerveuse
        c) content   d) inquiet

10. Ils ont froid ; il .... faut un manteau.
    a) leur   b) lui
        c) moi   d) se

11. Il n'y a .... à voir à télé.
        a) plus   b) pas
                c) rien   d) jamais

12. Je déteste .... insectes.
        a) l'   b) d'
                c) les   d) tous

13. Nous avons donné à manger .... éléphants.
        a) à l'   b) aux
                c) au   d) des

14. Stéphane joue .... violon.
        a) du   b) le
                c) la   d) au

15. .... n'est venu à la réception.
        a) Mes amis   b) Personne
                c) Il   d) Rien

16. Il chante une .... chanson.
        a) vieux   b) vieille
                c) vieil   d) vieilles

17. Qu'est-ce que tu es .... cuisiner ?
        a) en train   b) cn train de
                c) train de   d) trains de

18. Donnez-vous .... argent aux pauvres ?
        a) d'   b) du
                c) de l'   d) de la

19. .... a pris mes gants.
        a) Rien   b) Quelqu'un
                c) Personnes   d) Quelque

20. Vous .... avez trouvé du travail ?
        a) la   b) l'
                c) leurs   d) leur

QCM 2

1. Les tableaux de ce peintre sont ....
    a) belles   b) originaux
         c) originales   d) bel

2. .... mon voisin.
    a) Il est   b) Ce sont
         c) C'est   d) Ils sont

3. Il est en vacances avec ses amis. Il .... est.
    a) y   b) leur
         c) en   d) leurs

4. Ils ont .... réserver à l'avance.
    a) veulent   b) vouloir
         c) voulu   d) veut

5. Il va acheter des gâteaux ; il va .... acheter !
    a) y   b) de
         c) du   d) en

6. Ne corrigez pas la dictée ; ne .... corrigez pas!
    a) les   b) lui
         c) la   d) une

7. Nous venons de chez le dentiste ; nous................... venons.
    a) ai   b) en
         c) y   d) le

8. Demande une voiture à tes parents ! Demande-................. une voiture !
    a) le   b) leur
         c) leurs   d) lui

9. Je prends .... huile d'olive.
    a) de l'   b) de la
         c) d'   d) du

10. Il a chaud ; il .... faut une bouteille d'eau.
    a) leur   b) lui
         c) moi   d) se

11. Il n'y a ……………….. à faire, on a perdu !
    a) plus   b) pas
        c) rien   d) jamais

12. Dépêchons-nous, allons -……………… !
    a) en   b) sur
        c) là   d) y

13. Tu donnes à boire ……………….. chien.
    a) à l'   b) aux
        c) au   d) des

14. Ici, il faut faire attention, …………….. prudents !
    a) soyez   b) sois
        c) allez   d) aller

15. …………………. n'a fait le travail.
    a) Mes amis   b) Personne
        c) Il   d) Rien

16. Mesdames, êtes-vous …………….. pour commencer ?
    a) assis   b) prêtes
        c) vieil   d) salées

17. Qu'est-ce qu'ils ………………………… cuisiner ?
    a) sont en train   b) viennent à
        c) vont   d) fait

18. Paul et Pierre sont …………… tous les deux.
    a) amoureuses   b) blondes
        c) roux   d) beau

19. ……………………… n'a pas rendu sa copie !
    a) Rien   b) Quelqu'un
        c) Personne   d) Quelque

20. Tu ………………… as acheté un stylo?
    a) lui   b) l'
        c) leurs   d) la

QCM 3

1. Je crois qu'il a .... argent qu'avant.
    a) plus   b) moins de
        c) aussi d'   d) autant d'

2. Il s'est marié .... trois ans.
    a) il y a   b) pendant
        c) en   d) dans

3. Hier ils .... , aujourd'hui ils ...., demain ils ....
    a) sachent / savent / saura   b) savait / savent / sauront
        c) savaient / savent / vont savoir   d) ont su / savent / saura

4. Il change de voiture .... un mois.
    a) dans   b) il y a
        c) en   d) pendant

5. Je te présente la voisine de mon fils ; c'est .... voisine.
    a) leur   b) leurs
        c) sa   d) son

6. .... ordinateur est trop cher.
    a) Le   b) Nos
        c) D'   d) Cet

7. Les étudiants ont oublié .... livre.
    a) son   b) notre
        c) leur   d) son

8. Il aime l'eau et il prend .... eau tous les matins.
    a) de l'   b) l'
        c) d'   d) sa

9. Elles ont le même âge et elles grandissent............. vite.
    a) plus   b) autant
        c) aussi   d) moins

10. Émilie .... un appartement quand elle était jeune.
    a) avais   b) partageait
        c) savait   d) achetaient

11. Paul ……………….. l'escalier hier matin.
      a) est monté   b) montais
           c) montera   d) a monté

12. Dis à ton mari …………….. la vaisselle !
      a) lui faire   b) de faire
           c) faire   d) nous faire

13. C'est la fille ………………. j'ai téléphoné.
      a) à qui   b) que
           c) qui   d) où

14. Voilà l'homme ……………… t'a appelé lundi.
      a) qui   b) à qui
           c) que   d) qu'il

15. Je ne sais pas quoi faire avec lui ; quel ……………… !
      a) franchise   b) ennui
           c) jalousie   d) peur

16. Il me demande toujours …………… je fais le soir.
      a) ce qui   b) ce que
           c) qu'est-ce que   d) si

17. Je t'appellerai quand ……………… ce film.
      a) je vois   b) je verrai
           c) j'ai vu   d) il est vu

18. Il n'aime pas le vin et il ne prend pas………….. vin le matin.
      a) du   b) le
           c) de   d) sa

19. Nous nous …………………… sans rien faire l'autre jour !
      a) ennuyons   b) ennuyions
           c) ennuie   d) s'ennuient

20. Mes fils ……………… en classe.
      a) rêvait   b) rêviez
           c) rêvaient   d) rêve

QCM 4

1. Avant les gens .... plus jeunes.
    a) se marient   b) se sont mariés
         c) se mariaient   d) se marieraient

2. L'été est normalement la saison .... chaude.
    a) plus   b) la plus
         c) autant   d) aussi

3. C'est le travail .... je me suis occupé hier.
    a) de quoi   b) que
         c) ou   d) dont

4. C'est une bonne étudiante. C'est la …………………….. .
    a) bon   b) mieux
         c) moins   d) meilleure

5. C'est son ………………. beau costume.
    a) plus   b) deux
         c) joli   d) pire

6. Les oiseaux …………………… du pain hier matin.
    a) s'approchait   b) s'approchaient
         c) s'approchiez   d) s'approchent

7. Luc et Annie …………………….. se marier bientôt.
    a) dû   b) doit
         c) dois   d) doivent

8. Tu …………………… le chapitre neuf.
    a) lu   b) lit
         c) lisais   d) ai lu

9. Elles se sont …………… les mains après avoir mangé et ....
    a) lavées / sont parties   b) lavés / sont partis
         c) lavé / sont parties   d) lavez / parties

10. Il dit des choses ………………… n'ont pas de sens.
    a) qui   b) que
         c) où   d) ces

11. Les garçons .... et .... la poubelle.
        a) se sont levés / ont descendu   b) ont levé / sont descendus
           c) se sont levés / sont descendus   d) ont levé / ont descendu

12. Avec ma carte bancaire, j'essaie de faire attention à mes ....
        a) frais   b) dépenses
          c) recettes   d) bénéfices

13. La bonne liste de verbes au présent de l'indicatif est :
        a) finissons / buvons   b) boive / mange
          c) sache / connais   d) allais / appelez

14. Annie est .... et ....
        a) fatigué / belle   b) chaleureux / jeune
          c) franche / cultivée   d) efficace / vieil

15. La bonne liste au conditionnel présent est : tu ….…..... et tu ....… .
        a) voulais / ferais   b) irais / aimais
          c) finirais / boirais   d) saurais / allais

16. C'est la galère ! Cette expression signifie : .... !
        a) C'est merveilleux   b) C'est une chance
          c) C'est compliqué   d) C'est triste

17. Un gosse, c'est ....
        a) un pro   b) un gamin
          c) un coloc   d) un voisin

18. Au présent de l'indicatif, on écrit : tu ….............. et tu ....
        a) achetés / protèges   b) achète / protège
          c) achètes / protèges   d) achetés / protège

19. Elles .... un bon dimanche.
        a) ont passées   b) sont passées
          c) ont passé   d) se sont passées

20. Hier ? Nous .... la leçon à cette heure-ci.
        a) étudiions   b) étudions
          c) étudiais   d) étudierons

QCM 5

1. ………………… chambre prenez-vous ?
    a) Quel   b) Quelle
         c) Quels   d) Quelles

2. Ces livres sont intéressants, prenez-en un ! ………………… voulez-vous ?
    a) Lequel   b) Laquelle
         c) Lesquels   d) Lesquelles

3. Tu es ridicule ………………… cette jupe.
    a) bien   b) en
         c) avec   d) sur

4. ………………… a peur de lui.
    a) Quelques-uns   b) Tout le monde
         c) Quelque chose   d) Rien

5. C'est un grand joueur. C'est le ………………… .
    a) bon   b) mieux
         c) moins   d) meilleur

6. ………………… de vous trois a menti ?
    a) Quels   b) Quel
         c) Lequel   d) Quelques

7. C'est ………………… ta nouvelle chemise ?
    a) quelle   b) quel
         c) laquelle   d) lequel

8. Mon frère ? C'est ………………… qui se trouve à gauche.
    a) celui   b) celui de
         c) celle   d) le

9. Son premier livre est bien mais le deuxième est encore ………………… .
    a) plus   b) mieux
         c) pire   d) moins

10. Ma valise, c'est ………………… qui a une étiquette.
    a) celui   b) celui de
         c) la   d) celle

11. .... qui se passe me fait beaucoup de peine.

    a) Le   b) Ce

        c) Que   d) La

12. J'ai fait le ménage .... ton absence.

    a) il y a   b) dans

        c) pendant   d) sur

13. Je suis allé le voir .... trois ans.

    a) ça fait   b) puis

        c) dans   d) par

14. Il a mal .... estomac.

    a) à son   b) au

        c) à l'   d) de l'

15. Il ne connaît pas la réponse alors il donne sa langue ....

    a) au chien   b) au chat

        c) à la souris   d) au rat

16. C'est pareil signifie c'est ....

    a) la même chose   b) similaire

        c) semblable   d) un couple

17. Une boîte c'est une ....

    a) entreprise   b) tâche

        c) activité   d) stagiaire

18. Il a trouvé un travail ; il va être ....

    a) contracté   b) embauché

        c) évalué   d) travaillé

19. Hier j'ai passé .... de travail.

    a) un entretien   b) une interview

        c) un recruteur   d) une paie

20. En espérant que ma candidature retiendra votre attention, je vous prie
.... Madame, Monsieur, mes .... distinguées.

    a) d'agréer / salutations   b) d'accepter / saluts

        c) de prendre / salutations   d) d'agréer / saluts

QCM 6

1. ………………. cahier achètes-tu ?
     a) Quel   b) Quelle
        c) Quels   d) Quelles

2. Ces jupes sont à un bon prix, achetez-en deux ! ……………..… voulez-vous ?
     a) Lequel   b) Lesquelles
        c) Lesquels   d) Laquelle

3. Ce pantalon te ………… . très bien !
     a) va   b) vient
        c) porte   d) habille

4. Bonjour madame, je peux vous …………… ?
     a) proposer   b) essayer
        c) renseigner   d) aller

5. ……………………. ne l'apprécie.
     a) Personne   b) Tout le monde
        c) Quelque chose   d) Rien

6. C'est une bonne étudiante. C'est la ………………….. de la classe.
     a) bon   b) mieux
        c) moins   d) meilleure

7. C'est ………………….. ton nouvel ami ?
     a) quelle   b) quel
        c) laquelle   d) lequel

8. Mes soeurs ? Ce sont……………… qui se trouvent à gauche.
     a) celle   b) ceux de
        c) celles   d) les

9. Mon pull, c'est ………………….. qui est rouge.
     a) celui   b) celui de
        c) le   d) celle

10. …………………. que tu vois est horrible.
     a) Le   b) Ce
        c) Les   d) La

11. On partira ……………. trois jours.
    a) il y a   b) dans
       c) depuis   d) sur

12. Je ne l'ai pas vu ………………… l'année dernière.
    a) ça fait   b) depuis
       c) il y a   d) par

13. J'ai toujours mal ………………… pieds.
    a) à mes   b) aux
       c) des   d) de mes

14. Il a vu tes amies et il les a …………………… .
    a) invitées   b) téléphoné
       c) écrites   d) appelés

15. Elle travaille …………. septembre ……………… décembre.
    a) de / à   b) du / au
       c) du / jusqu'à   d) en / au

16. Je ne travaille pas , je suis au ……………. .
    a) salarié   b) chômage
       c) stage   d) départ

17. Ce serveur est compétent ; je lui donne un ………………… .
    a) reboire   b) remanger
       c) pourboire   d) pour manger

18. « Je vous prie de croire, Monsieur, en ……………. de ma considération distinguée ».
    a) la croyance   b) la foi
       c) l'espoir   d) l'assurance

19. Ces poires sont …………… car il a fait …………… temps aussi.
    a) meilleures / mieux   b) mieux / meilleur
       c) meilleures / meilleur   d) mieux / mieux

20. Il me ……………. en permanence ; il est toujours sur mon ……………. .
    a) voit / épaule   b) regarde / sac
       c) contrôle / pied   d) surveille / dos

QCM 7

1. Le boulot c'est le ………………. .
    a) travail   b) salarié
         c) chômage   d) stage

2. Quelles sont les ……………….. que tu fais à la maison ?
    a) travail   b) tâches
         c) stages   d) loisirs

3. Au travail, on a des …………………. .
    a) camarades   b) copains
         c) collègues   d) compagnons

4. On a ……………… de patience avec ces enfants.
    a) bénéficié   b) fait preuve
         c) obtenu   d) perdu

5. Je viens .... Portugal et je vais .... Italie.
    a) de / de l'   b) au / à l'
         c) du / en   d) de l' / au

6. Si tu te baignes maintenant, tu …………………. malade.
    a) aura   b) seras
         c) sera   d) iras

7. On croit qu'il …………………. peindre la cathédrale.
    a) sache   b) sais
         c) saura   d) savais

8. Je ne crois pas ……………………… parler de cela.
    a) puisse   b) pu
         c) pouvoir   d) pouvais

9. Je suis heureuse qu'il ………………… à l'université.
    a) va   b) est allé
         c) aille   d) ait

10. Mes parents .... louer une maison.
    a) allons   b) viennent de
         c) est en train de   d) ont

11. Tu n'aimes .... pas la viande.
     a) jamais   b) vraiment
          c) beaucoup   d) peu

12. Elle rentre .... ses amis.
     a) à   b) de
          c) de chez   d) vers

13. Ils préfèrent rester ici, ... aussi ?
     a) ils   b) leurs
          c) leur   d) eux

14. Voilà son fils, c'est .... habite à Strasbourg.
     a) lui que   b) celui qui
          c) celui qu'   d) lui qu'

15. Ils .... venir nous aider ?
     a) voudrait   b) aimerions
          c) pourraient   d) préférait

16. Il y a un résultat .... je ne suis pas satisfait.
     a) de celui   b) dont
          c) que   d) lequel

17. Le quatorze mars, c'est le jour .... on .... en vacances.
     a) que / aura   b) quand / sera
          c) qu' / aura   d) où / sera

18. Ma petite fille est .... grande que ....
     a) aussi / la vôtre   b) autant / la tienne
          c) moins / le nôtre   d) plus / le leur

19. Si vous ne savez pas, il faut vous .... à l'agence.
     a) renseigner   b) affirmer
          c) enseigner   d) confirmer

20. C'est ici qu'il y a .... jours de neige.
     a) la plus de   b) le plus de
          c) le moins   d) la moins

QCM 8

1. Pour aller travailler, je vais .... un costume.
      a) mettre   b) habiller
           c) me mettre   d) être

2. Qu'est-ce que tu fais .... ?
      a) et la vie   b) ta profession
           c) dans quoi   d) comme métier

3. ……………. est français est de bonne qualité.
      a) Ce que   b) Celle qui
           c) Ce qui   d) Celle que

4. La voiture ………………….. par deux hommes bruns.
      a) a volé   b) est volé
           c) a été volée   d) avait volée

5. …………… je regarde, c'est un ……………. .
      a) Celui que / film   b) Ce qui / journal
           c) Ce que / documentaire   d) Ce que / chaise

6. Il a téléphoné ………………. tu étais chez le coiffeur.
      a) il y a   b) ça fait
           c) depuis   d) pendant que

7. …………………. elle termine ses devoirs, elle travaille avec moi.
      a) Lorsqu'   b) Depuis
           c) D'abord   d) Après

8. Tu peux avoir des informations …………………. à ce numéro.
      a) appelant   b) à appeler
           c) en appeler   d) en appelant

9. Quel livre voulez-vous ?   - …………………. gauche !
      a) Celui que   b) Celles de
           c) Celui de   d) Ceux de

10. Mes nièces ? Ce sont……………… tu n'aimes pas trop.
      a) ceux   b) celles que
           c) celles où   d) ceux que

11. J'ai fait ce travail ………………….. .
    a) mangeant   b) en mangeant
        c) à manger   d) de manger

12. Elle a habité en Russie ………………. quelques années.
    a) ça faisait   b) pendant
        c) en   d) dans

13. Il changera de voiture ……………. un mois.
    a) dans   b) il y a
        c) en   d) pendant

14. Les étudiants ont oublié ……………. cahiers.
    a) ses   b) son
        c) leurs   d) leur

15. Les livres de français, je les ai …………………….. .
    a) prêtées   b) lu
        c) pris   d) comprises

16. Elle ne parle pas ………………….. elle ne veut pas.
    a) pourquoi   b) grâce à
        c) car   d) quel

17. Je l'aime bien ; ……………….. je vais l'inviter à mon anniversaire.
    a) car   b) comme
        c) c'est pourquoi   d) si

18. Mon directeur ……………. va ………….. le week-end.
    a) y / souvent   b) y / quelques
        c) là / parfois   d) là / peu

19. Il est indispensable qu'ils ………….. le bon moment pour …………. faire.
    a) peuvent / en   b) choisissent / le
        c) savent / le   d) parle / en

20. À quinze ans, je …….... déjà être chanteuse mais mes parents ………. contre tout de suite.
    a) ai voulu / étaient   b) voulais / étaient
        c) ai voulu / ont été   d) voulais / ont été

QCM 9

1. Si j'ai fini ma conversation téléphonique, je …………………… l'appareil.
    a) décroche   b) raccroche
        c) délaisse   d) rappelle

2. Ça me fait ………………… de vous voir !
    a) plaisir   b) agréable
        c) aimable   d) goût

3. Il ne se ……………… jamais compte !
    a) prend   b) donne
        c) rend   d) fait

4. Je voudrais que vous ………………….. mes papiers.
    a) cherchez   b) cherchiez
        c) chercherez   d) allez chercher

5. Dans un an, j' ………………… terminé mes études.
    a) étais   b) aurais
        c) aie   d) aurai

6. Le poisson ………………… si tu le mets dans l'eau.
    a) vivre   b) vivra
        c) vivait   d) vives

7. Je suis triste qu'il ……………… raté son examen.
    a) soit   b) ait
        c) a   d) aille

8. …………………… il partira pour l'Australie, j'irai le retrouver.
    a) Lorsqu'   b) Depuis
        c) D'abord   d) Après

9. Tu ne penses pas ……………………… le faire.
    a) sache   b) su
        c) savoir   d) savais

10. J'ai rencontré ………………… célèbre ce matin.
    a) quelqu'un de   b) quelque chose de
        c) rien de   d) personne

11. L'année ………………, j'aurai vingt ans.
    a) future   b) dernière
            c) prochaine   d) venir

12. J'espère qu'il …………………… arrêter de faire des bêtises.
    a) va   b) sera
            c) aille   d) allait

13. Nous ………………… quand le téléphone a sonné.
    a) déjeunerons   b) déjeunons
            c) déjeuner   d) déjeunions

14. Quand tu ………………… petit, tu jouais souvent avec Marie.
    a) étais   b) seras
            c) est   d) as été

15. Elle parle des difficultés qu'elle a ………………… dans sa vie.
    a) rencontré   b) rencontrés
            c) rencontrées   d) rencontrer

16. Tu es vraiment contente qu'elle………………… le week-end prochain.
    a) se marie   b) s'est mariée
            c) se mariera   d) se mariait

17. C'est l'époque ………………… nous étions heureux.
    a) que   b) où
            c) qui   d) ou

18. Quand tu …………………………, on ira au musée.
    a) viennes   b) venait
            c) viens   d) viendras

19. Si tu bois trop maintenant, tu ………………….. mal au ventre.
    a) auras   b) seras
            c) fera   d) iras

20. Que …………………… – vous demain après le travail ?
    a) pouvez   b) serez
            c) ferez   d) viendrez

QCM 10

1. Si je commence ma conversation téléphonique, je .... l'appareil.
    a) décroche   b) raccroche
           c) délaisse   d) rappelle

2. Dans un an, je .... marié.
    a) m'étais   b) m'aurait
           c) me serai   d) aurai

3. Je suis enchanté qu'il .... parti en Chine.
    a) soit   b) ait
           c) a   d) se soit

4. .... il gagnera de l'argent, il ira en vacances.
    a) Premier   b) Quand
           c) Puis   d) Après

5. Vous ne croyez pas .... capable de parler de cela.
    a) soyez   b) été
           c) être   d) êtes

6. Il a salué .... riche ce matin.
    a) quelque chose de   b) quelqu'un de
           c) rien de   d) personnes de

7. Il donne des détails .... sont inutiles.
    a) qui   b) que
           c) où   d) ces

8. L'année ...., j'ai eu dix-huit ans.
    a) future   b) dernière
           c) prochaine   d) passé

9. J'espère qu'ils .... sortir les premiers.
    a) vont   b) seront
           c) aillent   d) allaient

10. Elle parle des gens qu'elle a .... dans sa vie.
    a) connu   b) connus
           c) connues   d) connaissais

11. Je suis triste qu'il ………………. ici.
      a) ne reste pas   b) n'est pas resté
          c) ne sois pas   d) n'ait pas

12. C'est le jour ………………. on a perdu nos clés.
      a) que   b) où
          c) qui   d) dont

13. D'ici un mois, j' ………………. commencé à travailler.
      a) étais   b) es
          c) avais   d) aurai

14. Pour mes vacances, je préfère un ………………… à la mer.
      a) activité   b) séjour
          c) tente   d) bagage

15. Le déjeuner n'est pas ………………. dans le prix.
      a) incluse   b) introduit
          c) compris   d) pensé

16. J'aime aller dans la ………………. pour cueillir des champignons.
      a) forêt   b) branche
          c) chèvre   d) fermier

17. Les citoyens font ………………. peu de civisme.
      a) la démonstration   b) bénéfice de
          c) preuve de   d) droit à

18. C'est le voyage ………………… je rêve toutes les nuits.
      a) de quoi   b) que
          c) duquel   d) dont

19. Quels desserts voulez-vous ?   - ………………… !
      a) Celui-là   b) Celles-ci
          c) Ceux-ci   d) Celui de

20. Le contraire d'une arrivée, c'est ………………
      a) une partie   b) une part
          c) un départ   d) un parti

QCM 11

1. Je n'ai pas…………………….. vu ce western.
   a) encore   b) plus
          c) aussi   d) déjà

2. Marie tousse et prend des pastilles ; elle est……………… .
   a) enrhumée   b) traitée
          c) constipée   d) muet

3. Ils ont eu un accident de voiture et ils sont ………………… .
   a) crevés   b) malades
          c) grippés   d) blessés

4. Je me suis coupé alors je mets ………………… .
   a) un médicament   b) un pansement
          c) un fauteuil   d) une maladie

5. …………… te plaît est trop cher.
   a) Ce que   b) Celle qui
          c) Ce qui   d) Celle que

6. Les sacs ………………….. par deux hommes bruns.
   a) ont volé   b) seront volés
          c) a été volé   d) avaient volé

7. Je voudrais que vous ………………….. mes papiers.
   a) cherchez   b) cherchiez
          c) allez chercher   d) chercherez

8. Nous ne sommes allés ………………….. pendant les vacances.
   a) à aucune partie   b) aucune part
          c) nul lieu   d) nulle part

9. Je suis déçu qu'il ……………… mal fait son travail.
   a) soit   b) ait
          c) a   d) aille

10. Elle parle des robes qu'elle a ………………….. dans cette boutique.
   a) acheté   b) achetés
          c) achetées   d) acheter

11. Je suis heureuse qu'il .... venir avec nous.
    a) va   b) veuille
        c) veut   d) soit

12. Voici la petite fille .... je me suis occupée hier.
    a) de quoi   b) que
        c) duquel   d) dont

13. Ce n'est pas ton frère ? - ....
    a) Si, c'est lui   b) Non, c'est lui
        c) Oui, il est   d) Non, ce n'est

14. On ira te voir quand il................. beau.
    a) fait   b) fera
        c) est fait   d) a fait

15. Elle ne vient .... avec nous.
    a) pas déjà   b) plus
        c) encore   d) rien

16. Toutes les copies .... à cinq heures.
    a) ont fait   b) ont été faites
        c) auraient faites   d) étaient faits

17. Elle a toujours aimé que tu lui......................... des cadeaux.
    a) as fait   b) feras
        c) fasses   d) fais

18. Il est vraiment douteux qu'elles .... venues pour son anniversaire.
    a) sont   b) seront
        c) étaient   d) soient

19. C'est beau, ... penses-tu ?
    a) quoi   b) qui
        c) qu'en   d) quand

20. Ils apprécient les vacances à la montagne et ils .... resteront un mois.
    a) en   b) y
        c) là   d) le

QCM 12

1. Vous ………………… avez trouvé du travail ?
    a) vous   b) l'
        c) leurs   d) nous

2. Il a vu tes amies et il les a ....
    a) embrassées   b) téléphoné
        c) écrites   d) appelés

3. Voilà des bateaux ……………….. et des journaux……………………… .
    a) bleus / locaux   b) rouge / locaux
        c) bleus / locales   d) marron / locales

4. ………… c'est bon de manger des légumes, …………. un beau corps ça se mérite !
    a) D'une part / d'une autre part   b) Par une part / d'une autre part
        c) D'une part / par autre part   d) D'une part / d'autre part

5. On croit qu'il ……………….. refaire ce travail tout seul.
    a) puisse   b) peux
        c) a pu   d) pouvais

6. Ils se sont …………………… les pieds après avoir marché.
    a) lavées   b) lavés
        c) lavé   d) lavez

7. Comment s'est ………………… votre séjour en Irlande ?
    a) passé   b) passer
        c) passée   d) passe

8. …………………… que vous êtes quelqu'un d'intéressant !
    a) Savez   b) Sachiez
        c) Sachez   d) Avez su

9. Il dansait et …………………… en même temps.
    a) riaient   b) rit
        c) rirait   d) riait

10. Elle a ………………… que votre fils était en Belgique.
    a) connue   b) appris
        c) apprend   d) connu

11. Il y a toujours ……………………… les mêmes problèmes.
   a) a   b) été
         c) eu   d) aura

12. Il y retournera …………………… demain.
   a) par   b) car
         c) peut-être   d) pendant

13. Elle fait toujours …………………….. car elle n'est jamais contente !
   a) la tête   b) le sourire
         c) le visage   d) la face

14. Ça te plaît toujours ……………………… ?
   a) moins   b) autant
         c) plus   d) mieux

15. Vous pouvez …………………….. un instant ?
   a) me prêter   b) me faire
         c) m'accorder   d) me donner

16. …………………….. tapis sont abîmés.
   a) Quelques   b) Beaucoup
         c) Un   d) Plus

17. C'est énorme …………………… Vincent.
   a) de   b) à
         c) maison   d) chez

18. Il doit réciter le poème ……………………… la classe.
   a) sous   b) sur
         c) devant   d) loin

19. Elle est triste d'avoir …………………… son collier.
   a) vendue   b) perdu
         c) été   d) faite

20. Il y avait cinq jours ………………….. tu ne sortais pas.
   a) qui   b) où
         c) que   d) plus

QCM 13

1. On …………… parfaitement que tu ……………… malade.
  a) savait / allais   b) savait / avais été
    c) a su / seras   d) sait / a été

2. Ils ne sont pas …………… fous, ces Français !
  a) mieux   b) si
    c) autant   d) comme

3. Ils ……………… jamais leurs erreurs.
  a) ne soulignent   b) ne donnent
    c) ne gagnent   d) n'avouent

4. Ma mère adore aller dans ce ……………… rural.
  a) gîte   b) hôtel
    c) ferme   d) pédestre

5. Il aime la vie en Suisse et il ……………… sera un an.
  a) en   b) là
    c) y   d) le

6. L'été est normalement la saison ……………… chaude.
  a) plus   b) la plus
    c) autant   d) aussi

7. Pour terminer un mél de réservation, on peut écrire : ……………… .
  a) Affectueusement   b) À bientôt
    c) Cordialement   d) Au revoir

8. C'est à Bordeaux qu'on vit ……………… .
  a) le bien   b) le moins bien
    c) le meilleur   d) la plus

9. …………… te plaît est déjà vendue.
  a) Ce que   b) Celle qui
    c) Ce qui   d) Celle que

10. La saleté est vraiment ……………… dans cette ville.
  a) gênante   b) plaisante
    c) choque   d) baisse

11. Il ………………. qu'elle ……………… dans l'escalier.
    a) a cru / tombais   b) a cru / était tombée
        c) croit / tombait   d) croyait / tombe

12. On va regarder le film …………… la première chaîne.
    a) à   b) avec
        c) sur   d) en

13. Mes sacs ………………….. par une jeune femme.
    a) ont prise   b) seront prises
        c) sont pris   d) avaient pris

14. …………… je regarde, c'est un …………… .
    a) Celui que / film   b) Ce que / journal
        c) Ce qui / documentaire   d) Ce que / chaîne

15. L'essence va augmenter ; il s'agit d'une …………….. .
    a) haute   b) hauteur
        c) hausse   d) augmente

16. C'est l'heure ……………….. vous devez partir.
    a) que   b) qui
        c) où   d) ou

17. L'équipe de France a perdu au match de football. C'est une …………….. .
    a) défaite   b) défait
        c) chou   d) échoué

18. Tu ne tolères pas que nous ………………. tes livres.
    a) lisons   b) lisions
        c) lirons   d) avons lu

19. Elle a un bon salaire ; elle gagne ……………… .
    a) suffisant   b) très
        c) assez   d) peu de

20. S'il ……………. demain, il faudrait acheter des parapluies.
    a) neige   b) neigera
        c) pleut   d) pleuvait

QCM 14

1. ………………….. n'a pas fait son travail.
    a) Rien   b) Une personne
         c) Personne   d) Quelque

2. Il n'y a ………………. erreur dans ses exercices.
    a) pas   b) plus
         c) aucune   d) jamais

3. Elle te demande ………………. tu as fait tes devoirs.
    a) que   b) qui
         c) ce qui   d) comment

4. Il m'a ………………….. parlé de cette fille !
    a) rien   b) encore
         c) jamais   d) pas

5. J'ai convoqué plusieurs élèves, mais ………………….. n'est venue.
    a) rien   b) aucune
         c) l'une   d) une seule

6. Elle ne parle pas ………………….. elle ne veut pas.
    a) pourquoi   b) grâce à
         c) car   d) quel

7. On savait qu'il ………………….. à temps.
    a) arrivera   b) arriverait
         c) arrivent   d) était

8. Ni Paul ni Pierre ………………………… ce vin.
    a) boiront   b) ne boiront
         c) boira   d) a bu

9. J'ai ………………….. voiture et ……………… travail.
    a) de la / un   b) beaucoup de / un
         c) une / du   d) un / un

10. On espère que tu ………………….. nous voir en Allemagne.
    a) viens   b) va venir
         c) viennes   d) viendras

11. Je souhaite que vous .... à votre mère.
    a) écriviez   b) écrivez
        c) écrirez   d) avez écrit

12. Ils se sont mariés = Il .... cette femme.
    a) a marié   b) a épousé avec
        c) s'est mariée avec   d) a épousé

13. Elle garde son argent pour elle ; c'est quelqu'un ....
    a) de radin   b) radine
        c) de radine   d) radin

14. On aime aller .... voisins quand on revient .... cinéma.
    a) à la maison des / du   b) où / au
        c) aux / au   d) chez les / du

15. J'ai convoqué plusieurs agents, mais .... n'est venu.
    a) rien   b) aucun
        c) l'un   d) un seul

16. J'ai travaillé .... cette entreprise .... 2001 .... 2007.
    a) à / de / au   b) dans / de / à
        c) à / du / à   d) dans / du / au

17. Le chat est toujours .... la commode.
    a) derrière   b) à droite
        c) à côté   d) en

18. Nous n'allons .... le soir.
    a) aucune part   b) plus
        c) nulle part   d) jamais

19. Ils ont des poules et nous .... avons aussi.
    a) y   b) en
        c) les   d) l'

20. As-tu pensé aux timbres ? Oui, ... ai pensé.
    a) j'   b) j'en
        c) j'y   d) je l'

QCM 15

1. Elle te demande ………………… tu as mis son cartable.
    a) que   b) qui
         c) ce qui   d) où

2. Nous avons ………………. de temps que vous maintenant.
    a) mauvais   b) pire
        c) plus que   d) moins

3. On savait qu'il ………………… du temps.
    a) faudrait   b) faudra
        c) faut   d) a fallu

4. Ni Annie ni Marie…………………………… à la fête .
    a) viendront   b) ne viendront
        c) viendra   d) ne viendra

5. Prenez une tasse ……………… café et buvez !
    a) avec   b) sans
        c) à   d) de

6. J'ai ………………. chien et ……………… argent.
    a) un / peu d'   b) des / un peu d'
        c) un / d'   d) ce / d'

7. Je ne vois …………………. ici.
    a) encore   b) quelque chose
        c) rien   d) toujours

8. Tu as regardé la télé ……………………… .
    a) lisant   b) en lisant
        c) à lire   d) de lire

9. Ils vont aux Etats-Unis et nous………………… allons aussi.
    a) y   b) en
        c) les   d) l'

10. As-tu acheté des stylos ? Oui, j'en ai acheté …………………… .
    a) quelques   b) quelques-uns
        c) quelqu'un   d) quelque chose

11. Elle veut savoir ………………… tu as étudié.
        a) que   b) qui
             c) ce qui   d) si

12. ………………….. est intéressant est en anglais.
        a) Ce qui   b) Quel
             c) Quoi   d) Ce que

13. J'ai vu ………………… qui étaient sur la table.
        a) le   b) ceux
             c) eux   d) les

14. Après …………………, ils sont sortis.
        a) de se lever   b) s'être levés
             c) se lever   d) avoir levé

15. Je ne veux pas que tu ………………… mon travail.
        a) fais   b) as fait
             c) fasses   d) feras

16. As-tu fait quelques exercices ? – Non, je ……………… ai pas fait.
        a) ne les   b) n'en
             c) n'y   d) ne l'

17. ………….. j'étais content d'habiter ici. Mais après quelques mois j'ai commencé à m'ennuyer.
        a) Au début   b) Pour finir
             c) Petit à petit   d) Si

18. C'est juste ………………… que je l'ai vu pour la première fois.
        a) ce moment-là   b) à ce moment-là
             c) à ce moment   d) en ce moment

19. Elle fait son ménage ………………… vendredi.
        a) chacun   b) chaque
             c) certains   d) tous les

20. ………………… je me repose le week-end.
        a) Quelques   b) La plupart du temps
             c) Chaque   d) Certain

QCM 16

1. Notre quartier .... agréable.
    a) a changé   b) est devenu
         c) s'est développé   d) a augmenté

2. Bientôt on .... apprendre l'anglais à Londres et on .... les Anglais.
    a) ira / verra   b) serons / regardera
         c) fera / parlera   d) aurons / prendrons

3. Paul travaille .... que Pierre.
    a) plus ou moins   b) plus important
         c) meilleur   d) mieux

4. Ces fraises sont .... que les poires qu'on a achetées.
    a) aussi bon   b) mieux
         c) meilleures   d) moins cher

5. Tu as peur .... au chômage.
    a) d'avoir   b) être
         c) avoir   d) d'être

6. Il s'inquiète .... ma santé.
    a) par   b) à
         c) pour   d) sur

7. Tu n'as pas réfléchi au problème ?   - .... réfléchi.
    a) Oui, je l'ai   b) Si, j'en ai
         c) Si, j'y ai   d) Oui, j'y vais

8. Je n'aime pas cette jupe. Je vais .... essayer cette robe.
    a) meilleur   b) mieux
         c) plus   d) plutôt

9. Tu préfères le vert ou le bleu ?   - Ça m'est ...., j'aime les deux.
    a) identique   b) égal
         c) pareil   d) même

10. Si j'ai des problèmes au travail, ce n'est pas de ....
    a) mon manque   b) coupable
         c) ma raison   d) ma faute

11. Tu espères qu'il ……………… quand ils …………… ici.
      a) viendra / seront   b) vienne / soient
              c) vienne / seront   d) viendra / soient

12. Ils jouent bien du piano tous les deux mais c'est Annie qui joue …………… .
      a) la mieux   b) le mieux
              c) la meilleure   d) le meilleur

13. Il dîne …………… la télé.
      a) regardant   b) à regarder
              c) en train de regarder   d) en regardant

14. Quand il …………… la porte, nous ……………. .
      a) a ouvert / dormions   b) ouvrait / avons dormi
              c) ouvre / dormirons   d) ouvrira / dormons

15. Henri a perdu son travail, vous le saviez ?   - Oui, on ……………. .
      a) n'en savais rien   b) était au courant
              c) le savons   d) l'ai appris

16. Tu aimes les bananes ?   - Oui, ……………… .
      a) je n'y pense pas   b) je les ai mis
              c) j'en ai acheté   d) je l'ai mangé

17. Il faudrait que tu …………….. à l'étranger.
      a) irais   b) ailles
              c) vas   d) iras

18. Tes parents te …………… sortir le soir si tu étudiais plus.
      a) laisseraient   b) laisseront
              c) laissent   d) laissait

19. Tu nous as demandé si on …………… notre travail.
      a) finirons   b) a fini
              c) avait fini   d) finit

20. Anne est chez le coiffeur ; elle ……………. les cheveux.
      a) a fait couper   b) coupera
              c) se fait couper   d) se coupe

QCM 17

1. Mon copain fait .... erreurs que moi.
    a) plus des   b) autant d'
        c) moins de   d) pires

2. Il n'a pas le courage .... voir son chef.
    a) aller   b) à aller
        c) pour aller   d) d'aller

3. .... des employés dans ce service.
    a) Ils manquent   b) On manque
        c) Il manque   d) Tu manques

4. Tu as un frère ?   - Oui, ...
    a) j'en ai   b) j'en ai un
        c) je l'ai   d) je lui ai

5. S'il est parti, il .... que tu as réussi.
    a) ne saura pas   b) ne savais pas
        c) ne saurait pas   d) n'as pas su

6. Annie .... dépenser son argent.
    a) a tort   b) fait mal
        c) fait mal le   d) a tort de

7. Il faut que je .... la vérité et que tu la ....
    a) sais / diras   b) connais / répètes
        c) connaisse / dis   d) sache / dises

8. Il n'y a .... des voitures dans le garage.
    a) seulement   b) trop
        c) rien   d) que

9. Il y a trop de gens dans cette salle !   - Non, il n'y en a ....
    a) pas assez   b) trop
        c) peu   d) suffisant

10. Je vous ai .... fumer à l'école.
    a) interdis   b) défendu
        c) interdit de   d) défends de

11. On a vu des films .... le professeur a ....
    a) que / aimé   b) qui / aimés
              c) que / aimés   d) qui / aimé

12. Cette entreprise marche .... bien.
    a) heureusement   b) parfaitement
              c) correctement   d) vite

13. Quand elle .... à Paris, elle .... tous les jours.
    a) a été / a sorti   b) était / sort
              c) soit / sortira   d) était / sortait

14. Tu n'as pas oublié ton examen, j'espère !   - Non, ...
    a) je pense à lui   b) j'y pense
              c) j'en pense   d) je le pense

15. Si tu .... de me prêter de l'argent, je partirais en vacances.
    a) acceptes   b) accepterais
              c) as accepté   d) acceptais

16. J'aimerais .... que tu .... un bijou.
    a) plus / m'offriras   b) mieux / m'offrirais
              c) plus / m'offres   d) mieux / m'offres

17. Il a dit qu'il ne .... pas.
    a) reviendras   b) revienne
              c) revient   d) reviendrait

18. Ils n'étaient pas d'accord et ils se sont ....
    a) fâché   b) disputés
              c) entendus   d) fait la paix

19. Tu as mangé les gâteaux ?   - Non, mais je vais ....
    a) en faire   b) le faire
              c) le manger   d) y manger

20. Je lui ai demandé si elle .... mon frère.
    a) verrais   b) voie
              c) verras   d) voyait

QCM 18

1. Ils ont .... réparer leur vélo.
    a) essayé de   b) essayé
        c) arrivé   d) arrivé de

2. Il faut que nous .... la faire.
    a) pouvions   b) allons
        c) sachions   d) ayons

3. Tu regrettes .... pour un autre pays.
    a) partir   b) que tu partes
        c) de partir   d) être parti

4. La voisine est bizarre ; ne .... pas !
    a) l'offrons   b) lui parlons
        c) la discutons   d) le voyons

5. Ne t'inquiète pas ! = Ne .... pas !
    a) te fais   b) le fais
        c) t'en fais   d) t'y fais

6. Les Français aiment jouer .... cartes et .... pétanque.
    a) des / de la   b) aux / à la
        c) les / la   d) des / à la

7. Il aime cuisiner = Il aime .... cuisine.
    a) faire de la   b) faire à la
        c) faire dans la   d) faire la

8. Quand le repas est fini, je .... la table.
    a) remets   b) repasse
        c) débarrasse   d) vide

9. Ce sont les deux voitures des voisins ; ce sont ....
    a) les siens   b) les siennes
        c) la leur   d) les leurs

10. .... des gens sont partis avant l'heure.
    a) La plupart   b) Tous
        c) Quelques   d) Aucun

11. Tu ne connais pas ce travail et tu le fais ....
    a) n'importe comment   b) n'importe quoi
        c) n'importe quoi   d) n'importe qui

12. Mon cousin n'est jamais là pour moi ; je ne peux jamais compter .... lui.
    a) avec   b) à
        c) de   d) sur

13. Je ....1,70 m et je .... 65 kilos.
    a) fais / pesé   b) mesure / pèse
        c) mesurais / faisait   d) faisais / ai pesé

14. J'aime tous ses romans mais je préfère .... se passent à Paris.
    a) celles qui   b) ceux que
        c) ceux qui   d) celles qui

15. Il est malade et il mange ....
    a) de plus   b) de moins en moins
        c) de moins   d) de mieux

16. C'est la femme .... habillée de la cérémonie.
    a) la mieux   b) la meilleure
        c) le mieux   d) le plus

17. .... tu préfères acheter ? .... de gauche ?
    a) Lesquelles / Celle   b) Lequel / Ceux
        c) Laquelle / Celui   d) Lesquels / Ceux

18. Je ne crois pas que .... le meilleur acteur.
    a) il sera   b) il a été
        c) c'est   d) ce soit

19. Tu as .... livres que tu ne sais plus où les mettre.
    a) tellement de   b) tellement les
        c) tant les   d) tant ces

20. Je t'offre une rose. .... tu choisis ?
    a) Quelle   b) Que
        c) Celle   d) Laquelle

QCM 19

1. Cette fille a .... lever cette grosse valise.
    a) réussi   b) réussi à
           c) échoué   d) échoue au

2. Je regrette vraiment que tu .... partir.
    a) devras   b) doives
           c) devrais   d) as dû

3. On souhaiterait que vous .... à notre fête.
    a) venez   b) viendrez
           c) viendriez   d) veniez

4. Tu as .... reptiles.
    a) peur des   b) peur de
           c) rassuré   d) rassuré de

5. Il fait toujours .... foot et .... voile.
    a) au / à la   b) le / la
           c) du / de la   d) du / la

6. Cet homme n'aime pas les .... ménagères ; il ne fait rien chez lui.
    a) travaux   b) choses
           c) affaires   d) tâches

7. Mon voisin .... la poussière sur les meubles.
    a) essuie   b) sort
           c) lave   d) tire

8. Moi, je fais la .... et mon mari s'occupe de la ....
    a) couture / linge   b) courses / entretien
           c) vaisselle / lessive   d) poubelle / couvert

9. Ces deux femmes sont mes amies ; ce sont ....
    a) la mienne   b) la moi
           c) les miens   d) les miennes

10. .... jeunes ont dansé pendant la fête.
    a) Certains   b) Tous
           c) Chacune   d) Aucun

11. Prenez .... cahiers et .... stylo bleu !
      a) vos / votre   b) votre / vos
            c) ses / sa   d) son / son

12. Quelques femmes sont restées ; .... sont parties.
      a) les autres   b) autres
            c) des autres   d) l'autre

13. Je n'ai pas confiance en lui = Je me .... lui.
      a) fie à   b) méfie de
            c) confie   d) compte sur

14. Tu travailles beaucoup mais il travaille encore ....
      a) meilleur   b) le plus
            c) davantage   d) le mieux

15. Ce sont les étudiants .... riches de la ville.
      a) plus   b) le moins
            c) le moins de   d) les plus

16. Comme bracelet, ... je mets ? .... ?
      a) lequel / Celui-ci   b) quel / Celui-là
            c) laquelle / Celle-ci   d) quelle / Celle-là

17. Vous ne pensez pas du tout qu'elle .... au public.
      a) plairas   b) aie plu
            c) plaise   d) plairais

18. Ce sac est .... lourd .... ma fille.
      a) si / par   b) très / par
            c) tant / pour   d) trop / pour

19. Elle voulait être architecte, ... elle est vendeuse.
      a) malheureusement   b) au lieu d'
            c) assez   d) de plus

20. On pratique .... natation et .... équitation.
      a) de la / de l'   b) à la / à l'
            c) - / -   d) la / l'

QCM 20

1. .... fait-on pour s'amuser ?
    a) Quoi   b) Qu'est-ce que
         c) Que   d) Qui

2. .... informations cherches-tu ?
    a) Quels   b) Lesquelles
         c) Que   d) Quelles

3. Elle .... acheter trois livres.
    a) vas   b) est en train
         c) a   d) vient d'

4. Ils ont un neveu .... adorent.
    a) qui ils   b) qu'ils
         c) à qui   d) à qu'

5. J'ai un .... manteau ....
    a) grand / gris   b) vert / large
         c) blanc / long   d) court / noir

6. Liste correcte au conditionnel présent : on .... / ils ....
    a) faisait / iraient   b) aurait / verraient
         c) parlions / aimeraient   d) saurions / seraient

7. Ce sont les immeubles .... je me souviens très bien.
    a) dont   b) que
         c) lesquels   d) auxquels

8. Ma moto fait .... bruit que ....
    a) moins de / la tienne   b) plus de / le leur
         c) autant / la sienne   d) moins / la sienne

9. Tes résultats sont .... car tu as .... travaillé.
    a) mieux / meilleur   b) bon / mieux
         c) mauvaises / moins   d) meilleurs / mieux

10. Je te présente .... étudiante de la classe.
    a) la mieux   b) l'élève
         c) celle plus   d) la meilleure

11. Sur le marché, ... fruits étaient très chers.
    a) quelques-uns   b) tous
         c) certains   d) l'autre

12. Faire du sport ?   - Ah non, je .... pas !
    a) n'y arrive   b) ne le fait
         c) les déteste   d) n'en prends

13. Il vaut mieux que nous .... tout de suite.
    a) arrêtons   b) arrêterons
         c) avons arrêté   d) arrêtions

14. Tu .... dix ans dans cette boutique ; ce .... pas un bon travail.
    a) as travaillé / n'était   b) as travaillé / n'a été
         c) travaillais / n'a été   d) travaillais / n'étais

15. Nous aimerions vivre ....
    a) différent   b) suffisant
         c) différemment   d) autre manière

16. Cette histoire me fait rire .... dix ans.
    a) il y a   b) depuis
         c) depuis que   d) ça fait

17. On ne voyage plus dans ce pays .... des prix.
    a) pour   b) par
         c) car   d) à cause

18. Tu t'intéresses à la politique, ... tu ne votes pas.
    a) pourtant   b) alors
         c) même   d) grâce

19. L'examen était .... difficile .... je l'ai mal fait.
    a) tant / que   b) si / que
         c) si / comme   d) tant / comme

20. Enfants, on .... jouer .... guitare.
    a) a aimé / la   b) a aimé / de la
         c) aimait / la   d) aimait / de la

Notes :

....

....

....

....

....

....

....

....

....

....

....

....

....

....

....

....

SOLUTIONS DES QCM 1 À 6

QCM 1

1. c	11. c
2. d	12. c
3. a	13. b
4. c	14. a
5. d	15. b
6. c	16. b
7. d	17. b
8. d	18. c
9. d	19. b
10. a	20. d

QCM 2

1. b	11. c
2. c	12. d
3. a	13. c
4. c	14. a
5. d	15. b
6. c	16. b
7. b	17. c
8. b	18. c
9. a	19. b
10. b	20. a

QCM 3

1. d	11. d
2. a	12. b
3. c	13. a
4. a	14. a
5. c	15. b
6. d	16. b
7. c	17. b
8. a	18. c
9. c	19. b
10. b	20. c

QCM 4

1. c	11. a
2. b	12. b
3. d	13. a
4. d	14. c
5. a	15. c
6. b	16. c
7. d	17. b
8. c	18. c
9. c	19. c
10. a	20. a

QCM 5

1. b	11. b
2. a	12. c
3. c	13. a
4. b	14. c
5. d	15. b
6. c	16. a
7. c	17. a
8. a	18. b
9. b	19. a
10. d	20. a

QCM 6

1. a	11. b
2. b	12. b
3. a	13. b
4. c	14. a
5. a	15. a
6. d	16. b
7. d	17. c
8. c	18. d
9. a	19. c
10. b	20. d

SOLUTIONS DES QCM 7 À 12

QCM 7

1. a	11. b
2. b	12. c
3. c	13. d
4. b	14. b
5. c	15. c
6. b	16. b
7. c	17. d
8. c	18. a
9. c	19. a
10. b	20. b

QCM 8

1. a	11. b
2. d	12. b
3. c	13. a
4. c	14. c
5. c	15. c
6. d	16. c
7. a	17. c
8. d	18. a
9. c	19. b
10. b	20. d

QCM 9

1. b	11. c
2. a	12. a
3. c	13. d
4. b	14. a
5. d	15. c
6. b	16. a
7. b	17. b
8. a	18. d
9. c	19. a
10. a	20. c

QCM 10

1. a	11. a
2. c	12. b
3. a	13. d
4. b	14. b
5. c	15. c
6. b	16. a
7. a	17. c
8. b	18. d
9. a	19. c
10. b	20. c

QCM 11

1. a	11. b
2. a	12. d
3. d	13. a
4. b	14. b
5. c	15. b
6. b	16. b
7. b	17. c
8. d	18. d
9. b	19. c
10. c	20. b

QCM 12

1. d	11. c
2. a	12. c
3. a	13. a
4. d	14. b
5. c	15. c
6. c	16. a
7. a	17. d
8. c	18. c
9. d	19. b
10. b	20. c

SOLUTIONS DES QCM 13 À 18

QCM 13

1. b	11. b
2. b	12. c
3. d	13. c
4. a	14. b
5. c	15. c
6. b	16. c
7. c	17. a
8. b	18. b
9. b	19. c
10. a	20. d

QCM 14

1. b	11. a
2. c	12. d
3. d	13. a
4. b	14. d
5. b	15. b
6. c	16. b
7. b	17. a
8. b	18. c
9. c	19. b
10. d	20. c

QCM 15

1. d	11. d
2. d	12. a
3. a	13. b
4. b	14. b
5. d	15. c
6. a	16. b
7. c	17. a
8. b	18. b
9. a	19. b
10. b	20. b

QCM 16

1. b	11. a
2. a	12. b
3. d	13. d
4. c	14. a
5. d	15. b
6. c	16. c
7. c	17. b
8. d	18. a
9. b	19. c
10. d	20. c

QCM 17

1. b	11. c
2. d	12. b
3. c	13. d
4. b	14. b
5. a	15. d
6. d	16. d
7. d	17. d
8. d	18. b
9. a	19. b
10. c	20. d

QCM 18

1. a	11. a
2. c	12. d
3. c	13. b
4. b	14. c
5. c	15. b
6. b	16. a
7. d	17. d
8. c	18. d
9. d	19. a
10. a	20. d

SOLUTIONS DES QCM 19 ET 20

QCM 19

1. b	11. a
2. b	12. a
3. d	13. b
4. a	14. c
5. c	15. d
6. d	16. a
7. a	17. c
8. c	18. d
9. d	19. a
10. a	20. d

QCM 20

1. c	11. c
2. d	12. a
3. d	13. d
4. b	14. a
5. a	15. c
6. b	16. b
7. a	17. d
8. a	18. a
9. d	19. b
10. d	20. d

1. Les trois types de question

Reformulez ces questions de deux autres manières.

Exemple : Tu prends un café ? → *Est-ce que tu prends un café ?*
Prends-tu un café ?

1. Tu vas à l'école ?

→ .... ? .... ?

2. Vous mangez ces fruits ?

→ .... ? .... ?

3. Tu as fait tes devoirs ?

→ .... ? .... ?

4. Nous allons partir en Suisse ?

→ .... ? .... ?

5. Il va en France ?

→ .... ? .... ?

6. Elle écoute de la musique ?

→ .... ? .... ?

7. Il a fait la vaisselle ?

→ .... ? .... ?

8. Elle a bu de la bière ?

→ .... ? .... ?

9. Il va voyager à l'étranger ?

→ .... ? .... ?

10. Annie est malade ?

→ .... ? .... ?

11. Les enfants vont sortir seuls ?

→ .... ? .... ?

12. Paul est revenu hier ?

→ .... ? .... ?

13. Ton cousin est au chômage ?

→ .... ? .... ?

14. Le médecin va passer ?

→ .... ? .... ?

Attention ! Exemple :

Tu es où ?   Où est-ce que tu es ?   Où es-tu ?   Où tu es ?

15. Comment il est venu ?

→ .... ? .... ?

.... ?

16. Quand tu commences à travailler ?

→ .... ? .... ?

.... ?

17. Pourquoi il ne parle plus ?

→ .... ? .... ?

.... ?

18. Avec qui tu pars en vacances ?

→ .... ? .... ?

.... ?

19. Qui tu as vu ?

→ .... ? .... ?

.... ?

20. Qu'est-ce que tu fais ?

→ .... ? .... ?

<u>Écrivez les autres manières de poser ces questions.</u>

21. Ils vont t'accompagner ?

→ .... ? .... ?

22. Ta mère va-t-elle m'appeler ?

→ .... ? .... ?

23. Qu'est-ce qu'il a dit ?

→ .... ? .... ?

24. Ont-ils fini leur travail ?

→ .... ? .... ?

25. Pourquoi Rémi est-il malade ?

→ .... ? .... ?

26. Le directeur t'a convoqué ?

→ .... ? .... ?

27. Est-ce que tu as perdu de l'argent ?

→ .... ? .... ?

28. Où sont-ils partis ?

→ .... ? .... ?

.... ?

29. Est-ce que Pierre a acheté une maison ?

→ .... ? .... ?

30. Elles aiment les animaux ?

→ .... ? .... ?

31. Que fera-t-on sans elle ?

→ .... ? .... ?

32. Où es-tu allé en mon absence ?

→ .... ? .... ?

.... ?

33. La secrétaire a été dans ton bureau ?

→ .... ? .... ?

34. L'appartement est vendu ?

→ .... ? .... ?

35. Annie préfère rester ici ?

→ .... ? .... ?

36. On mange quoi ce soir ?

→ .... ? .... ?

37. Qui t'a téléphoné ?

→ .... ?

38. Est-ce que la mer est calme ?

→ .... ? .... ?

39. Les bureaux sont déjà fermés ?

→ .... ? .... ?

40. L'hôtel est complet ?

→ .... ? .... ?

41. Qu'est-ce que tu es en train de faire ?

→ .... ? .... ?

42. Ton chien t'a échappé ?

→ .... ? .... ?

43. Vous allez à la gare ?

→ .... ? .... ?

44. On lira cet article ?

→ .... ? .... ?

45. Qu'as-tu inventé ?

→ .... ? .... ?

2. Les articles

(définis, indéfinis, partitifs, contractés)

Complétez.

A.

Rose : Après demain, c'est l'anniversaire de ma grand-mère. Je lui offre (1) .... fleurs.

Marie : Moi, j'aime offrir (2) .... chocolats. Ma grand-mère adore (3) .... chocolats. Elle mange aussi beaucoup (4) .... bonbons.

Sophie : Moi, généralement, je n'achète pas (5) .... cadeau car je n'ai pas (6) .... argent. Je préfère faire (7) .... belle tarte aux pommes ou (8) .... biscuits au chocolat.

Justine : Tu as (9) .... chance ! Moi, dans ma famille, nous n'aimons pas (10) .... gâteaux et je dois toujours acheter (11) .... cadeaux. Alors souvent je réclame (12) .... argent à mes frères et soeurs !

Marc : Moi, je n'ai pas beaucoup (13) .... argent mais assez pour acheter (14) .... bon parfum, (15) .... maquillage ou (16) .... vêtement.

B.

Quand je suis en vacances, j'aime faire (17) .... promenades ou jouer (18) .... musique. Je joue (19) .... violon et (20) .... guitare. J'aime aussi (21) .... sport. Je fais (22) .... marche et (23) .... yoga. Mais je ne fais pas (24) .... vélo ; je déteste ça !

Les jeux m'intéressent aussi. J'aime beaucoup (25) .... cartes et je joue beaucoup (26) .... échecs. Ma soeur est plus active : elle fait (27) .... danse et (28) .... aérobic. Elle adore bouger et faire beaucoup (29) .... activités, elle aime être avec plein (30) .... monde.

C.

Hier, on a annoncé (31) .... très mauvais temps pour aujourd'hui : (32) .... neige avec (33) .... vent et (34) .... pluies pour ce soir. Il n'y a pas (35) .... soleil, seulement (36) .... nuages pour tout le pays. Heureusement, j'ai beaucoup (37) .... choses à faire chez moi et je déteste (38) .... temps d'hiver ! J'ai (39) .... travail comme toujours ! Je dois faire (40) .... ménage et tout (41) .... repassage. En plus, j'ai beaucoup (42) .... exercices d'anglais à faire.

D.

Au petit déjeuner, j'ai bu (43) .... eau car je bois beaucoup (44) .... eau et j'ai mangé (45) .... pain avec un peu (46) .... beurre, (47) .... biscottes et j'ai bu (48) .... grand verre (49) .... jus d'orange. Je ne prends jamais (50) .... café ni (51) .... thé.
Au déjeuner, comme entrée, j'ai pris (52) .... salade de tomates, ensuite j'ai demandé (53) .... boeuf avec (54) .... carottes. Comme dessert, j'ai mangé (55) .... fruits : (56) .... poire, (57) .... kiwi et (58) .... cerises.
Au dîner, j'ai pris (59) .... bonne soupe et un peu (60) .... poisson. C'était (61) .... thon mais il n'était pas bon car il avait trop (62) .... sel et pas assez (63) .... sauce. Heureusement il y avait (64) .... dessert excellent : (65) .... glace à la vanille avec (66) .... fraises. Pour terminer, j'ai bu (67) .... infusion.

E.

. Il y a (68) .... champagne dans la coupe et (69) .... lait dans le bol.

. J'écoute (70) .... musique et je sais que je fais trop (71) .... bruit.

. Je voudrais une tablette (72) .... chocolat , un kilo (73) .... pommes et

(74) .... croissants.

. Il y a (75) .... huile dans la bouteille mais il n'y a plus (76) ....

vinaigre.

. Il reste encore (77) .... bière mais il n'y a plus (78) .... vin.

. Il me faut (79) .... oeufs, une douzaine (80) .... oeufs, s'il vous plaît !

. Ce n'est pas (81) .... camembert, c'est (82) .... roquefort !

. Pour avoir (83) .... énergie, il faut prendre (84) .... vitamines. Et les

vitamines se trouvent dans (85) .... fruits et (86) .... légumes !

. Pour venir ici le dimanche, je prends (87) .... train. Mais (88) ....

autres jours (89) .... semaine, je préfère prendre (90) .... bus.

. As-tu (91) .... livre d'allemand ? Et (92) .... stylo vert ?

C'est (93) .... sac de Paul.

. (94) .... samedi, je vais au cinéma. Mais (95) .... samedi prochain, je

reste chez moi.

. Pendant l'année 2015, on va étudier (96) .... autre langue. On a choisi (97)

.... japonais.

. Le pays que je préfère, c'est (98) .... Hollande. Mais j'aime bien aussi (99)

.... Pérou, (100) .... Suisse et (101) .... Allemagne.

. Tu es mariée et tu as (102) .... enfants : (103) .... fils et (104) ....

fille.

. Je ne connais pas (105) .... prénom (106) .... jeune Anglaise.

. D'où es-tu ?   - Je suis (107) .... Portugal. C'est (108) .... très beau pays.

. Où sont (109) .... infirmières (110) .... hôpital ?

Elles sont (111) .... café (112) .... gare.

. Pour aller au théâtre, vous prenez (113) .... rue (114) .... musées.

. Tu joues (115) .... basket et tu fais (116) .... batterie.

. Elle, elle fait (117) .... mots croisés, (118) .... gym, (119) ....

dessin et (120) .... photo.

3. Le présent de l'indicatif

1. <u>Conjuguez les verbes de ces phrases.</u>

a. Vous (faire) .... vos devoirs.

b. Tu (ne pas partir) .... en voyage.

c. Je (savoir) .... bien conjuguer les verbes.

d. Les garçons (pouvoir) .... jouer au football.

e. Mélanie (sortir) .... du travail.

f. Nous (ne pas avoir) .... quarante ans.

g. Tu (lire) .... un livre intéressant.

h. Je (ouvrir) .... la porte de la cuisine.

i. Vous (ne pas être) .... dans la classe d'anglais.

j. Les étudiants (venir) .... de Paris.

k. Elle (ne pas dormir) .... dans le train.

l. Nous (écrire) .... au tableau.

m. Je (perdre) .... mes livres et mes crayons.

n. Tu (prendre) .... le bus tous les jours.

o. Nous (attendre) .... notre professeur.

p. Les étudiants (ouvrir) .... leur cahier.

q. Vous (mettre) .... la table.

r. Ils (ne pas connaître) .... le directeur.

s. Les filles (aller) .... au gymnase.

t. Tu (ne pas vouloir) .... faire le ménage.

u. Nous (comprendre) .... bien ce que tu dis.

v. Ils (ne pas s'appeler) .... chaque jour.

w. Il (finir) .... de faire du sport.

x. Vous (choisir) .... vos vêtements.

y. Je (jeter) .... ce papier à la poubelle.

z. Nous (commencer) .... à travailler.

2. <u>Faites ce test.</u>

1. préférer :   tu ....   vous ....

2. aller :   je ....   nous ....

3. donner :   il ....   ils ....

4. apprendre :   tu ....   vous ....

5. comprendre : il ....   ils ....

6. venir :   il ....   nous ....

7. connaître :   tu ....   vous ....

8. boire :   je ....   nous ....

9. sortir :   il ....   ils ....

10. payer :   tu ....   vous ....

11. dormir :   je ....   nous ....

12. vouloir :   tu ....   vous ....

13. avoir :   il ....   nous ....

14. finir :   il ....   ils ....

15. conduire :   tu ....   nous ....

16. dire :   tu ....   vous ....

17. savoir :   il ....   ils ....

18. devoir :   tu ....   vous ....

19. croire :   je ....   nous ....

20. manger :   tu ....   nous ....

21. voir :   il ....   vous ....

22. ouvrir :   je ....   nous ....

23. oublier :   tu ....   vous ....

24. offrir :   il ....   ils ....

25. répondre :   je ....   nous ....

4. Le passé récent, le présent continu, le futur proche

A. <u>Le passé récent.</u>
Exemple : manger / je →*Je viens de manger.*

a. terminer le travail / nous → ....

b. aller chez lui / il → ....

c. sortir / vous → ....

d. faire ta valise / tu → ....

e. se laver les cheveux / ils → ....

B. <u>Le présent continu.</u>
Exemple : manger / je →*Je suis en train de manger.*

f. boire un verre / nous → ....

g. faire les lits / il → ....

h. éteindre la lumière / vous → ....

i. prendre une douche / tu → ....

j. fermer les fenêtres / ils → ....

C. <u>Le futur proche.</u>
Exemple : s'habiller / je →*Je vais m'habiller.*

k. nettoyer le salon / nous → ....

l. lire un livre / il → ....

m. écrire une lettre / vous → ....

n. se lever / tu → ....

o. ne pas partir / ils → ....

D. <u>Faites des phrases.</u>

p. conduire ma voiture / je / (passé récent) → ....

q. acheter le journal / nous / (présent continu) → ....

r. ne pas danser ce soir / il / (futur proche)   → ....

s. ne pas se réveiller / vous / (passé récent)   → ....

t. faire la sieste / tu / (présent continu)   → ....

u. jouer de la guitare / ils / (futur proche)   → ....

v. ne pas cuisiner / je / (passé récent)   → ....

w. ne pas se disputer / nous / (présent continu)   → ....

x. dormir à l'hôtel / il / (futur proche)   → ....

y. courir / vous / (passé récent)   → ....

z. mettre la table / tu / (présent continu)   → ....

E.   Utilisez les trois structures.

1.   Il a regardé la télé. Il dîne. Il veut se coucher.

→   ....

2.   Nous avons fait du sport. Nous nous douchons. Nous voulons sortir ce soir.

→   ....

3.   Les voisins ont vendu leur vieille voiture. Ils en choisissent une autre. Ils veulent acheter un nouveau modèle.

→   ....

4.   Je me suis levé. Je prends mon petit déjeuner. Je veux sortir aller faire les courses.

→   ....

5.   Vous avez pris des vacances. Vous faites vos bagages. Vous voulez partir loin de chez vous.

→   ....

5. Les prépositions de lieu

Être à..., aller à...   Venir de...

1. Nous venons .... Bilbao et nous allons .... Madrid.

2. Tu viens .... Berlin et tu vas .... Paris.

3. Il vient .... Portugal et il est .... Espagne.

4. Nous venons .... Mexique et nous allons .... Pérou.

5. Il est .... Allemagne et il va .... Angleterre.

6. Ils sont .... Etats-Unis et ils vont .... Europe.

7. On vient .... Écosse et on va aller .... Suisse.

8. Tu es .... théâtre et tu vas .... église.

9. Ils sont .... gymnase et ils vont .... bureau.

10. Elles viennent .... toilettes et elles vont .... magasin.

11. Tu viens .... pharmacie et tu vas .... boucherie.

12. Je suis .... le dentiste et je vais aller .... hôpital.

13. Il vient .... Pays-Bas et ils vont .... Egypte.

14. Tu viens .... Sophie et tu vas .... coiffeur.

15. Ils viennent .... bureau de tabac et ils vont .... boulangerie.

16. Je suis .... café et je vais aller .... cinéma.

17. Il vient .... Brésil et il va .... Cuba.

18. Nous venons .... France et nous allons .... Suède.

19. Je suis .... Canada et je vais .... Bruxelles.

20. Il vient .... Belgique et il va .... Italie.

21. Tu es .... Londres et tu vas aller .... Budapest.

22. Nous sommes................... poissonnerie et nous allons .... supermarché.

23. Il vient .... université et il est .... bar.

24. Vous êtes .... le dentiste et vous allez aller .... votre ami.

25. Je viens .... Italie et je suis .... Danemark.

26. Ils viennent .... collège et ils vont .... lycée.

27. Ils vont .... Bordeaux et ils sont .... Toulouse.

28. Il va .... le notaire et il vient .... l'avocat.

29. On est .... maison et on va .... Paul.

30. Tu viens .... Colombie et tu vas .... Sénégal.

31. Je viens .... Argentine et je vais .... Asie.

32. Il est .... Chine et il va .... Japon.

33. Nous sommes .... Poitiers et nous allons .... Kenya.

34. Ils viennent .... Maroc et ils sont .... Afrique.

35. Tu vas .... concert et je viens .... cinéma.

36. Il revient .... le vétérinaire et je vais .... danse.

37. Je vais .... clinique et ils viennent .... foire.

38. Nous sommes .... banque et vous êtes .... parfumerie.

39. Il va .... ville et nous allons .... centre ville.

40. Je suis .... le médecin et tu es .... la fleuriste.

41. Ils viennent .... piscine et on va .... montagne.

42. Tu viens .... la couturière et tu vas .... aéroport.

43. Il est .... gare et il vient .... palais de justice.

44. Nous venons .... Irlande et nous sommes .... Tokyo.

45. Elle vient .... New-York et elle est .... Argentine.

46. Vous venez .... opéra et vous allez .... lit.

47. Tu es .... rue et tu vas .... port.

48. Il vient .... restaurant et il va .... charcuterie.

49. Je suis .... mer et tu viens .... spectacle.

50. Il est .... Barcelone et il vient .... Londres.

51. Elle vient .... l'esthéticienne et elle va .... consultation.

52. Nous venons .... école et nous allons .... station de métro.

53. Il vient .... sports d'hiver et il va .... travail.

54. Je suis .... Islande et je viens .... Seychelles.

55. Tu es .... le psychologue et tu viens .... secrétariat.

56. Il est .... parc et il va .... plage.

57. Ils sont .... campagne et ils viennent .... musée.

58. On est .... vacances et on reste .... village.

59. Tu es .... salon de l'automobile et tu vas .... conservatoire de musique.

60. Je viens .... magasin et je vais .... Marie.

6. Les adjectifs qualificatifs

Accordez l'adjectif et mettez-le à sa place.

1. (bon) C'est une .... musique ....

2. (passionnant) Tu as visité des .... musées ....

3. (amusant) Mes voisines sont des .... femmes ....

4. (délicieux) Il a mangé des .... gâteaux ....

5. (blond) Elle a les .... cheveux ....

6. (intelligent) C'est un .... professeur ....

7. (vieux) C'est un .... ordinateur ....

8. (beau) Elle a vu de .... appartements ....

9. (gentil) Julie est une .... fille ....

10. (français) Ce sont des .... fromages ....

11. (bleu) J'adore le .... ciel ....

12. (américain) Tu as parlé avec un .... employé ....

13. (gros) J'ai porté deux .... paquets ....

14. (naturel) Ce n'est pas une .... couleur ....

15. (intéressant) On va voir un .... film ....

16. (premier) Il est entré ici pour la .... fois ....

17. (froid) On n'aime pas les .... douches ....

18. (sportif) Mes cousines sont des .... femmes ....

19. (grand) Il a acheté une .... maison ....

20. (vert) J'ai pris une .... salade ....

21. (italien) Tu aimes beaucoup les .... glaces ....

22. (petit) Il est venu avec sa .... soeur ....

23. (spécial) Mes deux oncles sont deux .... individus ....

24. (chinois) J'achète souvent des .... vêtements ....

25. (blanc) On a préparé une .... sauce ....

26. (sérieux) Il a pris un .... air ....

27. (gratuit) Ce sont des .... excursions..................... .

28. (original) Tu as des .... idées ....

29. (nouveau) Je te présente le .... étudiant ....

30. (grec) Vous aimez la .... musique ....

31. (drôle) Il raconte toujours des .... histoires ....

32. (fatigué) C'est une .... employée ....

33. (culturel) Voilà des .... loisirs ....

34. (sincère) Il a des .... amis ....

35. (poli) Tes cousines sont des .... personnes ....

36. (mince) Mes copains sont des .... garçons ....

37. (passionné) Il cherche une .... femme ....

38. (satisfait) Le directeur est un .... chef ....

39. (idiot) Tes nièces sont des .... jeunes filles ....

40. (moche) Elle a acheté une .... veste ....

41. (moderne) J'aime les .... appareils ....

42. (roux) Il a la .... barbe ....

43. (international) Ce sont des .... journaux ....

44. (minutieux) Il aime les .... choses ....

45. (égoïste) Je te présente trois .... frères ....

46. (brun) Elle préfère les .... hommes ....

47. (superficiel) Elle a fait des .... recherches ....

48. (cultivé) Ce n'est pas une .... étudiante ....

49. (menteur) Il a connu une .... vendeuse ....

50. (noir) Tu n'aimes pas les .... olives ....

51. (jaune) Je ne regarde jamais les .... voitures ....

52. (joli) Il a fait de .... dessins ....

53. (beau) On a vraiment passé une .... journée ....

54. (manuel) Nous faisons des .... activités ....

55. (marocain) Elle a connu deux .... écrivains ....

56. (jaloux) Ce sont des .... voisins .... l'un de l'autre.

57. (nouveau) J'ai vu tes .... pantalons ....

58. (préféré) Tu ne connais pas mes .... chanteurs ....

59. (orgueilleux) Ce sont des .... actrices ....

60. (léger) Il portait une .... valise ....

7. Les pronoms relatifs

A. QUI ou QUE ?

1. Le voyage .... tu veux faire est complet.
2. J'ai un ami .... peut t'aider.
3. Il a rencontré une fille .... a vécu en Allemagne.
4. On achète toujours des cadeaux .... vous aimez bien.
5. Je te laisse ma veste .... tu préfères.
6. Tu me rends les clés .... je t'ai prêtées.
7. J'ai visité un château .... est vraiment joli.
8. Il me prête un CD .... lui a beaucoup plu.
9. C'est un homme .... aime la cuisine française.
10. Je connais une entreprise .... cherche un ingénieur.
11. La lettre .... ils ont écrite est trop longue.
12. Le vert est la couleur .... je préfère.
13. J'ai vu des oiseaux .... étaient bleus et jaunes.
14. C'est un film .... nous a plu.
15. Il y a une plage .... n'est pas très loin.
16. Les clients .... je vais voir ne sont pas contents.

17. J'ai des chaussures .... sont trop étroites.
18. C'est une revue .... nous plaît.
19. La bière .... il boit n'est pas bonne.
20. On rencontre beaucoup d'employés .... habitent en province.

B. <u>OÙ ou DONT ?</u>

21. C'est un arbre .... les feuilles sont tombées.
22. J'aime aller au centre .... il y a des touristes.
23. Tu t'installes dans l'autobus .... tu préfères.
24. C'est le film .... je t'ai parlé hier.
25. Voilà l'élève .... le père est malade.
26. C'est le livre .... j'ai besoin pour étudier.
27. Le lundi est un jour .... j'aime bien ne pas travailler.
28. Il y a trois choses .... je ne suis pas très satisfait.
29. Il arrive toujours au moment .... je pars.
30. Il aime bien la maison .... il habite.
31. 1980, c'est l'année .... il est né.
32. C'est la secrétaire .... le directeur n'est pas très content.
33. C'est la table .... les pattes sont cassées.
34. Août est le mois .... je déteste prendre mes vacances.
35. Ils sont propriétaires du studio .... on t'a montré la photo.
36. La pièce .... il va faire des travaux sera plus grande.
37. L'ordinateur .... j'ai envie coûte très cher.
38. L'endroit .... elle passe ses vacances est près d'ici.
39. Tu peux garder ce sac .... j'ai mis tes cahiers.
40. C'est une voiture .... la couleur ne me plaît pas.

C. <u>Associez le début et la fin de chaque phrase.</u>

41. Il habite dans une ville où...	a. les magasins ferment à dix-huit heures.
42. Il habite dans une ville que...	b. les maisons coûtent cher.
43. Il habite dans une ville dont...	c. a beaucoup de parcs.
44. Il habite dans une ville qui...	d. je n'aime pas du tout.
45. Il aime une fille qui...	e. il a connue au restaurant.
46. Il aime une fille dont...	f. est très sportive.
47. Il aime une fille qu'...	g. les parents sont français.
48. Elle a acheté un appartement où...	h. je vais te montrer la photo.
49. Elle a acheté un appartement qui...	i. a peu de fenêtres.
50. Elle a acheté un appartement dont...	j. ils veulent faire des travaux.

→ 41-a, 42-__ , 43-__ ,44-__ , 45-__ ,46-__ ,47-__ ,48-__ ,49-__ , 50-__ .

D. Faites une seule phrase en utilisant les pronoms relatifs qui, que, dont, où.

51. Je connais un voisin. Il a trois voitures.

Le voisin ....

52. On vit dans un pays. Ce pays est très pauvre.

Le pays ....

53. Tu as invité un ami. Le père de cet ami est marin.

Tu as invité un ami ....

54. Mes parents vont acheter une voiture. Elle ne me plaît pas.

Mes parents vont acheter ....

55. Tu as besoin des clés de la maison. Elles sont sur la table.

Les clés ....

56. Il a envie d'une glace. Cette glace est au chocolat.

Il a envie ....

57. J'ai rencontré trois hommes. Elle me les avait présentés à son mariage.

J'ai rencontré ....

58. Vous avez acheté le CD. Je vous en ai beaucoup parlé.

Vous avez acheté le CD ....

8. Les adjectifs et les pronoms démonstratifs

1. <u>Complétez avec des adjectifs démonstratifs.</u>

a. Je vais acheter .... pantalon, ... chemise et .... gants.

b. Vous n'aimez pas .... ordinateur ; vous préférez .... lecteur DVD.

c. .... ancienne élève a acheté toutes .... vieilles revues.

d. .... annonce m'intéresse mais il me faut .... journal.

e. Il a regardé dans .... sacs pour voir s'il pouvait y mettre .... fruits.

2. <u>Complétez avec les pronoms démonstratifs.</u>

CELUI-CI/LÀ, CELLE-CI/LÀ, CEUX-CI/LÀ, CELLES-CI/LÀ.

1. Elle est bien, cette robe.   . Moi, je préfère *celle-ci*, je la trouve plus élégante.

2. Et ce chemisier ?   . Moi, ……………………………….……… chic.

3. Et ces chaussures blanches ?   . Moi, ……………………….........…… classiques.

4. Et ce foulard ?   . Moi, …………………………….…... original.

5. Et ces gants blancs ?   . Moi, ……………………….….…..... jolis.

6. Et cette jupe écossaise ?   . Moi, ...…………………….……….. originale.

3. <u>Devant une vitrine.</u>

LEQUEL, LAQUELLE, LESQUELS, LESQUELLES,
CELUI-CI/LÀ, CELLE-CI/LÀ, CEUX-CI/LÀ, CELLES-CI/LÀ.

VOUS NE SAVEZ PAS DE QUOI ON VOUS PARLE ? ALORS DEMANDEZ DES PRÉCISIONS !

7. Moi, je n'aime pas ce chemisier.
. ……………………….… ? ……………………….… ?
. Mais non, le rouge !

8. Cette jupe est très jolie !
. ……………………….… ? ……………………….… ?
. Mais non, la jaune !

9. Ce chapeau est chic !

. ... ? .... ?

. Mais non, le petit, là !

10. Ces chaussures sont jolies !

. ... ? .... ?

. Mais non, les noires !

11. Ces gants me plaisent bien !

. ... ? .... ?

. Mais non, les blancs !

4. <u>Complétez avec un pronom démonstratif (celui, celle, ceux, celles) + *de* ou *qui* ou *que*.</u>

12. Ce sont des animateurs anglais, ... on va voir à la télé.

13. Finalement, Pierre et Antoine sont .... dirigent notre journal.

14. Voici Sophie et Annie, ... s'occupent de la distribution.

15. Tu n'as plus de catalogues ? Tu prendras .... Mme dupuis.

16. Ce sont les sœurs Camille, ... on a rencontrées hier matin.

17. Pierre, il faut acheter des revues ! Et aussi .... la semaine dernière ?

18. Béatrice et Julie, ce sont .... travaillent le plus.

19. C'est le joueur le plus sympa de tous .... on a vus au match.

20. De tous les jeux, voilà .... j'aime le moins.

21. Et maintenant voilà Barbara, ... répond au téléphone.

22. Tu as vu la photo dans le journal ? Oui, ... la mère chatte et ses petits.

23. Ici, c'est Paul, ... vend des voitures.

24. J'écoute la chanteuse française, ... tout le monde aime.

25. Voilà tes vedettes préférées, ... tu admires tant.

26. Je n'ai pas mon programme ; je vais consulter .... mon collègue.

27. Je vous présente Marc, ... ne boit jamais d'alcool.

28. Tu as les photos ? Non, je vais demander .... ma voisine.

29. Tu ne connais pas encore Laurence, ... a des problèmes de santé.

30. Tu vas finalement connaître ce garçon blond, ... te plaît beaucoup.

31. J'ai acheté des stylos, ... tu m'avais conseillés.

32. Il a rencontré la fille blonde, ……………… l'entreprise allemande.

33. Cette maison ? C'est ……………… a brûlé dans l'incendie.

5. <u>Utilisez l'adjectif ou le pronom démonstratif.</u>

Ex. : J'adore cette maison, là, à gauche. Moi, je préfère celle-là, à droite.

34. N'achète pas ……………… vin, il est trop fort, achète ……………… !

35. Prenez ……………….. chaise. Moi, je prends ………………..

36. Regardez ……………… photos, mais pas ……………………… !

37. J'adore ……………… livre. Moi, je préfère ……………………

38. ……………... enfants sont mes amis et ……………….. sont mes cousins.

39. Achète ……………… pantalon rouge, mais pas ………………… !

40. Tu peux prendre ……………… table, n'achète pas ……………… !

41. J'aime bien ……………….. vêtements, mais pas ……………...

42. Mange ……………… soupe ! Moi, je vais manger ……………......

43. Prends ……………… téléphone-ci ! Moi, je prendrai …………………

44. Il n'aime pas ……………….. magasin. Il préfère …………………

6. <u>Faites des phrases selon le modèle.</u>

livre(m)   *cassette(f)*   *cartes postales(f)*   *stylo(m)*
dossiers(m)   *ordinateur (M)*   *armoire (F)*

Ex. : Je voudrais ce livre et celui-ci / Je voudrais ce livre et celui-là.

45. …………………………………………………………………………

46. …………………………………………………………………………

47. …………………………………………………………………………

48. …………………………………………………………………………

49. …………………………………………………………………………

50. …………………………………………………………………………

9. Les adjectifs et les pronoms interrogatifs

*Exemple : Tu portes **quel** pantalon ? (adjectif)   Tu portes **lequel** ? (pronom)*

A. Complétez.

1. .... livre tu veux ?   2. .... tu veux ?

3. Tu as vu .... films ?   4. Tu as vu .... ?

5. .... ordinateur tu as acheté ?   6. .... tu as acheté ?

7. .... femme est habillée en vert ?   8. .... est habillée en vert ?

9. Vous aimez .... jeux ?   10. Vous aimez .... ?

11. Tu habites dans .... maison ?   12. Tu habites dans .... ?

13. Il écrit sur .... feuille ?   14. Il écrit sur .... ?

15. Dans .... collège tu as étudié ? 16. Tu as étudié dans .... ?

17. Vous allez acheter .... fleurs ? 18. .... vous acheter ?

19. Il a vu .... animaux ?   20. Il a vu .... ?

21. .... garçon t'a insultée ?   22. .... t'a insultée ?

23. Il t'a raconté .... histoires ? 24. Il t'a raconté .... ?

25. .... fenêtre est ouverte ?   26. .... est ouverte ?

27. .... desserts il va proposer ?   28. .... il va proposer ?

29. Avec .... voisines elle ne parle pas ? 30. Avec .... elle ne parle pas ?

B. Même exercice.

31. - Je voudrais acheter un pantalon

    - .... voulez-vous ? Le bleu ou le noir ?

32. - Je vais prendre des fruits.

    - .... fruits désirez-vous ?

33. - Elle a acheté une jupe.

    - Elle a acheté .... ? La courte ou la longue ?

34. - Il a mangé beaucoup de bonbons.

    - .... il préfère ? Ceux aux fruits ou ceux à la menthe ?

35. - Elle va manger une glace.

    - .... glace elle va choisir ?

36. - Il a rencontré tes copines.

    - .... ? Celles de l'école ou celles de mon village ?

37. - Il a une nouvelle voiture !

    - Ah ! Il a acheté .... modèle ?

38. - Ton frère a discuté avec les hommes du café.

    - Ah bon ! Avec .... ? Avec les étrangers qu'il a connus hier ?

39. - J'aime bien les chocolats.

    - .... ? Les chocolats belges ?

40. - Je peux essayer ces deux pulls ?

    - Bien sûr ! .... pulls voulez-vous essayer ? Ceux de la vitrine ?

41. - Je suis allée faire les boutiques.

    - Ah ! Dans .... boutiques es-tu entrée ?

42. - Mon mari m'a offert une montre.

    - .... ? Celle qui te plaisait tant ?

43. - .... idiot ce garçon !

44. - .... tu trouves idiot ?

45. - .... revues es-tu en train de lire ?

46. - Je sais que ces trois chemises te plaisent mais tu dois en choisir une.

    .... vas-tu prendre ?

47. - Paul va se marier avec une de mes cousines.

    - Ah bon ! Avec .... ?

48. - Regardez ces lunettes ! .... vous préférez ?

49. - .... chance il a dans la vie ! Il a encore gagné au jeu !

50. - Il a vendu un de ses appartements.

    - Ah ! .... ?

10. Les adjectifs et les pronoms possessifs

A. Les adjectifs possessifs :

1. Quand je pars travailler, je vérifie que j'ai bien pris .... téléphone portable, ... portefeuille et .... clés.

2. Ma soeur va à la plage, alors elle prend : .... serviette, ... maillot de bain, ... crème solaire et .... lunettes de soleil.

3. Mes voisins vont faire une excursion à la montagne, donc ils emmènent : .... sac à dos, ... chaussures de sport, ... nourriture et .... boissons.

4. Voilà .... adresse électronique. Voilà .... nouvelle adresse électronique. Je te la donne.

5. Tu me présentes .... meilleure amie ; elle s'appelle Annie. Tu m'as présenté .... amie.

6. Julien aime .... ancienne école. Julien aime bien .... vieille école.

7. C'est .... nouvelle armoire ; je l'ai achetée hier. .... autre armoire, je l'ai donnée à ma soeur.

8. Ce sont les livres et les cahiers de Paul. Ce sont .... livres et .... cahiers.

9. Tu as mangé .... soupe ct tu as bu .... café.

10. Julie et Pierre ont présenté .... enfant à .... voisins.

11. Le jour de .... anniversaire, Sophie a ouvert .... cadeau et a soufflé .... bougies.

12. Le jour de .... fête, Julie et Marc ont ouvert .... cadeaux et ont remercié .... amis.

13. Mettez .... vêtements dans .... armoire et .... livres sur .... bureau !

14. Nous avons oublié .... papiers et .... sac chez .... cousine.

B. Les pronoms possessifs :

Remplacez les mots soulignés par un pronom possessif. (Attention à la contraction !)

15. Vous n'aviez pas assez de tables pour organiser votre fête alors le voisin vous a prêté ses tables. ....

16. Tu invites toujours ta famille à dîner mais moi, je n'invite jamais ma famille. ....

17. J'ai acheté des livres pour étudier alors dis à tes amis que je n'ai pas besoin de leurs livres. ....

18. Vous avez une voiture, alors prenez votre voiture, pas ma voiture ! ....

19. Pourrais-tu me louer ton appartement pour l'été car il est plus grand que mon appartement ? ....

20. Nous partons en camping. Pourriez-vous nous prêter votre caravane qui est plus grande que notre caravane ? ....

Complétez ces phrases par un pronom possessif :

21. Chaque pays a sa cuisine. Vous avez ...., nous avons ....

22. Mon stylo n'écrit plus. Peux-tu me prêter .... ?

23. Ma belle-soeur n'a pas vendu sa maison mais mon oncle et ma tante ont vendu ....

24. Prenez ce manteau ! .... est trop court !

25. À ta santé Sophie !   – À .... Albert !

26. On prend toutes les motos ?   - Oui, c'est préférable que chacun prenne ....

27. Vos enfants sont en vacances mais .... travaillent.

28. Mon frère a déjà fait ses courses mais mes soeurs n'ont pas encore fait ....

29. Ma rédaction n'est pas encore finie.   - Moi, j'ai fini .... !

30. J'ai donné mon adresse à Marie mais j'ai oublié de lui demander ....

31. Je te présente mes voeux pour la nouvelle année !   - Eh bien, je te présente ...., moi aussi !

32. Peux-tu prêter ton écharpe à Isabelle ? Elle a oublié ....

33. Tu as distribué les bonbons aux enfants mais tu n'as pas encore distribué .... aux grands-parents.

Imitez l'exemple :

. Ce stylo est à toi ?   - Oui, c'est mon stylo.   - Oui, c'est le mien.

34. Ce chat est à ton neveu ? - .... - ....

35. Cette moto est à Pierre ? - .... - ....

36. Ces photos sont à Paul ? - .... - ....

37. La maison est aux voisins ? - .... - ....

38. Ces affaires sont à toi ? - .... - ....

39. Ces vélos sont à vos fils ? - .... - ....

40. Les tabeaux sont à vous ? - .... - ....

11. *Le passé composé*

1. <u>Conjuguez ces verbes.</u>

A. Avec l'auxiliaire « avoir »

a. Ils .... un gâteau au chocolat. (manger)

b. Nous .... notre travail. (ne pas finir)

c. Tu .... rester ici. (vouloir)

d. Elle .... toute la nuit. (danser)

e. Vous .... partir en voyage. (ne pas pouvoir)

f. Je .... mes devoirs. (ne pas faire)

g. Il .... la leçon. (ne pas comprendre)

h. Nous .... la vérité. (savoir)

Attention !   i. Ces pommes, je *les* .... au marché. (acheter)

j. Tes amis, il *les* .... pour son anniversaire. (inviter)

k. *C'est la voisine que* tu............................ au supermarché. (voir)

l. *C'est l'étranger que* nous .... dans le TGV. (connaître)

B. Avec l'auxiliaire « être »

a. Ils .... ce matin. (partir)

b. Ma soeur .... par la fenêtre. (ne pas entrer)

c. Annie .... par le train de huit heures. (revenir)

d. Nous .... par l'escalier. (ne pas monter)

e. Albert et Georges .... médecins. (ne pas devenir)

f. L'ascenseur .... rapidement. (descendre)

g. Tes voisines .... le même jour. (ne pas mourir)

Attention !   h. Vous .... *une belle journée*. (passer)

i. Elles .... *les escaliers*. (ne pas descendre)

j. Elle .... *son mouchoir* de son sac. (sortir)

k. Ma mère .... avec sa brosse. (se coiffer)

l. Les enfants .... très tôt. (ne pas se lever)

m. Les garçons .... ce matin. (se doucher)

n. Mon père .... hier. (ne pas se raser)

o. Julie .... de tout. (se souvenir)

p. Tes amies .... tard. (ne pas se coucher)

Attention !   q. Ils .... *les pieds*. (se laver)

r. Elle .... *le visage*. (ne pas se maquiller)

s. Nous .... *des bonbons*. (s'acheter)

t. Les filles .... de fleurs. (ne pas s'offrir)

2. Test :

1.- être : je ....
2.- faire : vous ....
3.- travailler : je ....
4.- venir : ils ....
5.- devoir : vous ....
6.- tomber : nous ....
7.- savoir : ils ....
8.- étudier : elle ....
9.- rester : je ....
10.- découvrir : il ....

11.- avoir : tu ....
12.- parler : ils ....
13.- acheter : tu ....
14.- pouvoir : on ....
15.- vouloir : ils ....
16.- connaître : il ....
17.- se lever : vous ....
18- mourir : nous ....
19.- s'habiller : il ....
20.- mentir : elles ....

21.- aller : nous ....
22.- habiter : on ....
23.- trouver : ils ....
24.- prendre : je ....
25.- sortir : elle ....
26.- vivre : tu ....
27.- naître : ils ....
28.- sortir : ils ....
29.- choisir : tu ....
30.- voir : vous ....

3. Conjuguez les verbes de ces phrases.

1. Il .... ma voiture. (conduire)

2. Je ....…....…… la leçon. (ne pas comprendre)

3. Nous ....…........… la vérité. (dire)

4. Tu .... notre secret. (découvrir)

5. Ils ....…......… par terre. (s'asseoir)

6. Marie ....….… médecin. (devenir)

7. Vous ....….… de bière. (ne pas boire)

8. Elles .... au musée. (aller)

9. Je .... la poubelle. (ne pas descendre)

10. Elle .... son travail. (finir)

11. Je ....…..… ma maison. (ne pas vendre)

12. Vous ....…..… le ministre. (rencontrer)

13. C'est la fille que nous .... hier soir. (appeler)

14. Il ....….… toute la journée. (pleuvoir)

15. Tu ....…….... ce livre. (ne pas lire)

16. Les voisins ………………………………… ma carte postale. (recevoir)

17. Les garçons ………………………………… hier soir. (ne pas sortir)

18. Elle ………………………………… de bien travailler. (prometttre)

19. Nous ………………………………. le téléphone. (ne pas entendre)

20. Elle ………………………… quand tu es arrivé. (rire)

21. Elles ……………………………………… les mains. (ne pas se désinfecter)

22. Il ………………………………… dans l'escalier. (tomber)

23. Vous ………………………………… la radio. (ne pas écouter)

24. Nous ……………………………..……… très tard. (ne pas se coucher)

25. Je ………………………………… la fête. (faire)

26. Ils …………………………………… un autre train. (prendre)

27. Tu ………………………………… ton nouveau pantalon. (ne pas mettre)

28. Ma voisine …………………………………. en vacances. (partir)

29. Hier, elle ………………………………… toute la matinée. (se reposer)

30. Tes lettres, nous les ……………………………… la semaine dernière. (recevoir)

31. Elles ………………………………… leurs vêtements. (choisir)

32. Ce bébé ………………………………… dans un avion. (naître)

33. Tu ……………………………….. la facture. (ne pas payer)

34. Il ………………………………… la fenêtre. (ouvrir)

35. Nous …………………………… pendant une heure. (courir)

36. Elle …………………………….. une journée formidable. (passer)

37. Ils …………………………… en France. (être)

38. Mes parents …………………………….à pied. (ne pas monter)

39. Il ………………………………… les valises. (descendre)

40. Vous ………………………………… vos clés. (perdre)

41. Je ……………………………… de chance. (ne pas avoir)

42. Les fleurs bleues, je les …………………………… dans ce magasin. (voir)

43. Toi non plus, tu ………………………………… son histoire. (ne pas croire)

44. Ma grand-mère …………………………….. chez elle. (rester)

45. Ils ………………………… dans Paris. (se promener)

46. Nous ………………………… à Bilbao. (ne pas vivre)

47. Je ………………………… un homme dans la rue. (suivre)

48. Elles …………………………… par Paris. (ne pas passer)

49. Ils …………………………….. à l'hôtel. (ne pas dormir)

50. Il ………………………… l'appele. (falloir)

51. Elle nous ……………………….. un cadeau. (offrir)

52. Le chat …………………………… par la fenêtre. (sauter)

53. Mes voisines …………………………… de façon élégante. (ne pas s'habiller)

54. La leçon ? Je …………………………… .(ne pas l'apprendre)

55. Tu …………………………… à trois heures du matin. (se réveiller)

12. L'imparfait

1. Conjuguez ces verbes à l'imparfait.

1. avoir – (nous avons) : tu ………………

2. sortir – (nous sortons) : il ………………

3. attendre – (nous attendons) : ils …………

4. faire – (nous faisons) : je ………………

5. voyager – (nous voyageons) : vous ……….

6. aller – (nous allons) : ils ………………

7. connaître – (nous connaissons) : je ………

8. payer – (nous payons) : il ………………

9. étudier – (nous étudions) : vous …………

10. mettre – (nous mettons) : tu ……………

11. boire – (nous buvons) : vous ………………

12. finir – (nous finissons) : je ………………

13. vouloir – (nous voulons) : nous …………

14. mentir – (nous mentons) : tu ………………

15. prendre – (nous prenons) : il ………………

16. rire – (nous rions) : nous ………………

17. pouvoir – (nous pouvons) : tu ………………

18. savoir – (nous savons) : ils ………………

19. manger – (nous mangeons) : nous ………

20. ! être – (nous sommes) : ils ………………

21. porter : tu ………………

22. choisir : il ………………

31. se lever : nous ………………

32. dormir : vous …………………

23. venir : ils ....

24. apprendre : tu ....

25. devoir : vous ....

26. se marier : nous ....

27. pleuvoir : il ....

28. partager : nous ....

29. employer : vous ....

30. sortir : ils ....

33. ressembler : je ....

34. s'amuser : nous ....

35. falloir : il ....

36. grossir : ils ....

37. voir : tu ....

38. aimer : vous ....

39. revenir : je ....

40. partir : il ....

2. Mettez les verbes de ce texte à l'imparfait.

L'enfant (41) regarde la télé. Il (42) est assis et il (43) ne parle pas. Il (44) adore les dessins animés. Sa mère (45) cuisine et elle (46) ne le voit pas. Il (47) sait qu'il (48) peut se lever et ouvrir le meuble du salon. Il y (49) a à l'intérieur les chocolats que sa grand-mère lui (50) offre quand elle (51) vient. Alors il (52) peut se déplacer silencieusement et ...

Mais il (53) est timide et il (54) n'ose pas. Julien (55) porte ses lunettes rondes et son maillot préféré. Il (56) réfléchit ...

41 : ....

42 : ....

43 : ....

44 : ....

45 : ....

46 : ....

47 : ....

48 : ....

49 : ....

50 : ....

51 : ....

52 : ....

53 : ....

54 : ....

55 : ....

56 : ....

13. Passé composé ou imparfait ?

Conjuguez les verbes de ces textes au passé composé ou à l'imparfait.

A. Quand elle (1- être) .... petite, Annie (2- passer) .... toujours ses vacances d'été en Bretagne. Ses parents (3- avoir) .... une caravane et ils (4- rester) .... tout le mois d'août dans un camping. Généralement, il (5- faire) .... beau : le vent (6- souffler) .... un peu mais ils (7- pouvoir) .... profiter de la plage.

Un matin, Annie (8- se réveiller) .... de bonne heure et elle (9- se lever) ....

Ce (10- être) .... le jour du marché et elle (11- vouloir) .... voir comment les vendeurs (12- s'installer) .... Comme ses parents (13- dormir) .... encore, elle (14- s'habiller) ...., elle (15- prendre) .... son petit-déjeuner sans faire de bruit et elle (16- sortir)..................... . Rapidement, elle (17- se diriger) .... vers le marché. Certains marchands (18- bavarder) ...., d'autres (19- travailler) .... déjà et (20- mettre) .... leurs marchandises à la disposition des clients. Elle (21- s'approcher) .... d'une femme qui (22- vendre) .... des animaux. Elle (23- commencer) .... à examiner tout ce qu'il y (24- avoir) .... dans les caisses et les cages. Tout à coup, elle (25- voir) .... de jolis petits chats. Elle (26- s'asseoir) .... près de la caisse et elle les (27- caresser) .... Elle (28- être) .... en admiration devant les petites bêtes. Annie (29- adorer) .... les animaux. Mais... Elle (30- savoir) .... que sa mère ne serait pas d'accord. La vendeuse (31- venir) .... près d'elle et elle lui (32- dire) .... qu'il (33- ne pas falloir) .... toucher les animaux. Annie, fâchée, (34- s'excuser) .... et (35-partir) .... en courant. Elle (36- désirer) .... tout raconter à son père.

Quand elle (37- arriver) .... au camping, ses parents la (38- chercher) .... partout, très inquiets. Alors elle (39- se mettre) .... à crier : « Je veux un chat ! ». Ses parents (40- se regarder) .... puis ils (41- se fâcher) .... et finalement, Annie (42- être) .... punie : elle (43- devoir) .... apprendre qu'elle (44- ne pas pouvoir) .... partir seule sans les prévenir !

B. Hier soir, Isabelle et Paul (45- se coucher) .... tard car ils (46- avoir) .... beaucoup de choses à faire. Ils (47- se doucher) .... puis ils (48- dîner) .... Ensuite, ils (49- lire) .... et ils (50- faire) .... leurs valises en cinq minutes, contrariés.

Enfin, ce (51- être) .... le grand jour. Le matin, à cinq heures, ils (52- prendre) .... l'avion et ils (53- partir) .... pour l'Afrique.

Quel voyage ! Ils (54- ne pas avoir) .... envie d'y aller ; ce changement (55- ne pas leur plaire) .... Ils (56- préférer) .... travailler à Paris, entourés de leurs proches. Mais le devoir les (57- appeler) ....

Pendant un mois, ils (58- aller) .... vivre loin. Avant de monter dans l'avion, ils (59- penser) .... à leurs amis et ils les (60- appeler) .... ; ils leur (61- promettre) .... de les contacter souvent.

Cependant, Isabelle (62- être) .... triste ; elle (63- penser) .... sans cesse à sa famille, à sa maison. Finalement, l'avion (64- décoller) .... et ils (65- s'endormir) .... Un long voyage les (66- attendre) .... !

C. Hier après-midi, nous (67- rencontrer) .... Sophie dans la rue. Comme d'habitude, elle (68- être) .... très élégante. Elle (69- porter) .... un tailleur bleu marine et un joli chemisier blanc. Elle nous (70- accompagner) .... dans le parc et nous (71- se promener)

.... pendant une bonne heure. On (72- bavarder) ....

tranquillement quand soudain un homme la (73- attaquer) .... Il lui

(74- voler) .... son sac, il la (75- pousser) .... et elle (76-

tomber) .... On (77- ne rien pouvoir) .... faire.

Le voleur (78- s'enfuir) .... sur une moto. Immédiatement on (79-

prévenir) .... la police mais ils ne (80- arriver) .... que

quinze minutes après.

Nous (81- avoir) .... très peur et Sophie (82- être emmené)

.... à l'hôpital. Nous (83- rentrer) .... très inquiets.

D. Samedi dernier, comme je (84- être) .... seule et déprimée, mes amies

Julie et Marie me (85- téléphoner) .... et me (86- inviter) ....

à aller au cinéma avec elles. Comme il (87- faire) .... mauvais, je (88- prendre)

.... le bus pour aller chez elles. Je (89- sonner) .... et elles

me (90- demander) .... de monter. Je (91- monter) .... par

l'escalier car l'ascenseur (92- être) .... en panne.

Les deux soeurs (93- finir) .... de dîner et elles me (94- attendre)

.... pour prendre le dessert. Julie (95- vouloir) ....

couper le gâteau mais je ne sais pas comment elle (96- faire) .... car

elle (97- se couper) ....

Nous la (98- accompagner) .... jusqu'à la salle de bains où nous (99-

nettoyer) .... sa blessure. Ensuite, nous lui (100- mettre) ....

un pansement. Enfin nous (101- manger) .... le gâteau qui (102- être)

.... délicieux et nous (103- sortir) .... toutes les trois pour

aller au cinéma.

Malheureusement, une fois dans la rue, Marie (104- dire) .... que sa main

lui (105- faire) .... mal alors nous (106- remonter) ....

l'escalier et nous la (107- reconduire) .... chez elle.

On (108- décider) .... de rester à la maison et on (109- voir) ....

un film à la télé. Malgré tout, on (110- passer) .... une bonne soirée !

E. Hier, quand mon frère (111- descendre) .... la poubelle, il (112-

comprendre) .... qu'il (113- devoir) .... toujours prendre

ses clés avec lui. En effet, lorsqu'il (114- descendre) ...., sa mère (115-

se reposer) .... dans son fauteuil. Il (116- rester) .... en bas

car il (117- discuter) .... avec un voisin pendant un bon quart d'heure. Et

quand il (118- vouloir) .... rentrer à la maison, sa mère (119- ne pas

l'entendre) .... sonner parce qu'elle (120- avoir) .... son

casque sur les oreilles. Elle (121- écouter) .... sa musique préférée alors

elle (122- ne pas pouvoir) .... lui ouvrir la porte. Il (123- devoir)

.... attendre patiemment qu'elle enlève son casque. Finalement, elle (124-

se lever) .... et elle lui (125- ouvrir) .... Il (126- être)

.... en colère !

14. Le futur simple

1. Conjuguez les verbes au futur simple.

a. Tu (parler) .... très bien le français.

b. Nous (ne pas inviter) .... ta grand-mère.

c. Vous (s'habiller) .... très vite.

d. Ils (ne pas réveiller) .... à six heures du matin.

e. Tu (finir) .... tes exercices.

f. Vous (réussir) .... à tous vos examens.

g. Il (ne pas prendre) .... ce train.

h. Ils (écrire) .... une lettre au directeur.

i. Je (ne pas permettre) .... de fumer ici.

j. Nous (partir) .... à seize heures.

k. Tu (ne pas sortir) .... de la classe.

2. <u>Même exercice :</u>

1. Nous (être) .... à l'heure demain.

2. Tu (apprendre) .... tes leçons.

3. Je (travailler) .... beaucoup.

4. Ils (lire) .... tous les dossiers.

5. Vous (avoir) .... assez d'argent.

6. Il (boire) .... un peu de vin.

7. Nous (appeler) .... le médecin.

8. Tu (aller) .... mieux demain.

9. Il (faire) .... froid.

10. Je (danser) .... toute la nuit.

11. Vous (prendre) .... votre voiture.

12. Ils (nettoyer) .... leur maison.

13. Nous (finir) .... nos devoirs.

14. Elle (ne pas écrire) .... de lettres.

15. Tu (devoir) .... tout me dire.

16. Il (falloir) .... étudier.

17. Je crois que ma vie (changer) ....

18. Vous (choisir) .... une couleur.

19. Tu (recevoir) .... un colis.

20. Ces enfants (ne plus grandir) ....

21. Tu (éteindre) .... la lumière.

22. Nous (ne pas courir) .... dans les couloirs.

23. Ils (tomber) .... par terre.

24. Il (ne pas lire) .... le journal.

25. Je (jeter) .... ce papier à la poubelle.

26. Il (ne pas pleuvoir) …………………… cette semaine.

27. Vous (conduire) ………………….. prudemment.

28. Je (porter) …………………… ma nouvelle jupe.

29. Ils (passer) …………………… devant chez moi.

30. Tu m'(apporter) …………………… le journal.

31. Nous (vivre) ……………………… en France.

32. Vous (s'arrêter) ……………………… de fumer.

33. Je te (joindre) …………………… par courrier.

34. Elle (s'asseoir) ………………….. dans le salon.

35. Vous (ne pas servir) ……………………… le café.

36. Tu (partir) ………………….. avec lui.

37. Je (se lever) …………………… de bonne heure.

38. Ils (ne pas venir) ……………………… à la fête.

39. Nous (ne plus apprendre) ……………………… nos verbes.

40. Il (chanter) …………………… devant tout le monde.

41. Je (ne pas payer) ……………………….. ce prix.

42. Vous (pouvoir) …………………… regarder dans votre livre.

43. Nous (sortir) …………………. *lorsque* la pluie (s'arrêter) ……………...…..

44. *J'espère que* tu (mettre) …………………… la table.

45. *Quand* vous (arriver) …………………., vous (repasser) ………………… .

46. Tu (manger) …………………… *quand* la table (être) ……………….. mise.

47. Ils *espèrent que* tu (savoir) ……………………… faire ce travail.

48. *Lorsque* vous (sentir) …………….. la fatigue, vous (aller) …………….. vous coucher.

49. Le mauvais temps (durer) …………………… quelques jours.

50. Ils (connaître) ………………….. le bonheur un jour.

51. *J'espère que* tu (venir) ……………………… demain.

52. Tu (répondre) …………………… *quand* tu (avoir) …………………………… le questionnaire.

53. Nous *espérons que* vous (aller) .... à ce mariage.

54. Ils (savoir) .... les résultats *quand* ils (aller) ....
au lycée.

55. Il le (faire) .... *quand* il (pouvoir) ....

56. Je t'(appeler) .... *lorsque* je (voir) .... les prix.

57. Vous (travailler) .... *pendant que* nous (lire) ....
un livre.

58. Nous (acheter) .... cette voiture *lorsque* tu (être)
.... ici.

59. Ils (boire) .... une bière *pendant que* nous (dormir)
....

60. Vous *espérez qu'*il (ne pas pleuvoir) .... demain !

15. Le conditionnel présent

1. <u>Conjuguez les verbes au conditionnel présent.</u>

1. Tu (chanter) .... très bien.

2. Vous (ne pas finir) .... à temps.

3. Il (mettrc) .... son nouveau costume.

4. Ils (ne pas boire) .... , j'en suis sûr.

5. Nous (appeler) .... notre chef.

6. Je (ne pas payer) .... la facture.

7. Il (apprendre) .... la leçon.

8. Ils (ne pas lire) .... de roman.

9. Nous lui (écrire) .... une longue lettre.

10. Tu (ne pas entendre) .... tout ce bruit.

11. J'(avoir) .... plus de chance.

12. Vous (ne pas savoir) .... le faire.

13. Ils (devoir) .... suivre mes conseils.

14. Tu (ne pas vouloir) .... faire comme lui.

15. Nous (pouvoir) .... aller en Suède.

16. Il (ne pas venir) .... pendant les vacances.

17. Je (faire) .... plus d'efforts.

18. Ils (ne pas se doucher) .... au gymnase.

19. Tu (être) .... en retard.

20. Vous (ne pas se coiffer) .... à la mode.

2.   La condition . Regardez ces deux exemples et écrivez les deux versions :

Si tu <u>vas</u> à Rome, tu <u>apprendras</u> l'italien. (Si + présent   /   futur simple)
Si tu <u>allais</u> à Rome, tu <u>apprendrais</u> l'italien. (Si + imparfait   /   conditionnel présent)

21. Si vous (apprendre) vos verbes, vous (avoir) de bonnes notes.

-    ....

-    ....

22. Si elles (vouloir), elles (pouvoir) réussir.

-    ....

-    ....

23. Si je (voir) tes parents, je leur (dire) la vérité.

-    ....

-    ....

24. S'ils (savoir) coudre, ils (faire) des vêtements.

-    ....

-    ....

25. Si tu (s'asseoir) par terre, tu (prendre) froid.

-    ....

-    ....

26. Si nous (dormir) davantage, nous (être) en forme.

- ....

- ....

27. Si tu (connaître) cet homme, tu me (conduire) à lui.

- ....

- ....

28. Si ce livre te (plaire), je te l'(offrir).

- ....

- ....

29. Si elles (dire) un mensonge, elles (avoir) des problèmes.

- ....

- ....

30. Si tu (boire) beaucoup, tu (ne pas conduire).

- ....

- ....

31. Si elle (se moquer) de moi, je (ne plus lui parler).

- ....

- ....

32. Si nous (finir) notre travail, nous (partir) avant.

- ....

- ....

33. Si je (avoir) plus d'argent, je (voyager) beaucoup plus.

- ....

- ....

34. Si tu (manger) tout le temps, tu (grossir).

- ....

- ....

35. Si vous (écrire) une annonce, vous (vendre) votre maison.

- ....

- ....

36. Si elle (ne plus vouloir) travailler, elle (rester) chez elle.

- ....

- ....

37. Si tu (oublier) tes clés, tu (venir) chez moi.

- ....

- ....

38. Vous (ne pas aller) voir ce film s'il (être) mauvais.

- ....

- ....

39. Si mes amis (être) moins tristes, je (sortir) plus souvent avec eux.

- ....

- ....

40. On (rentrer) s'il (commencer) à pleuvoir.

- ....

- ....

16. Le comparatif et le superlatif

1. Le comparatif :

a. Comparez.

1. Les femmes vivent ………... longtemps …………. les hommes. (+)

2. Les Français vivent …………. vieux …………. les Espagnols. (=)

3. Mais les Espagnoles vivent …………. vieilles ………… les Françaises. (-)

4. On fume ………….. en Belgique …………. en France. (=)

5. On mange ………….. ……… avant. (-)

6. Les femmes travaillent ………….. ………. les hommes. (+)

7. J'ai ………….. livres …………. toi. (-)

8. Tu as acheté …………… fruits …………. ta mère. (+)

9. Il a ………….. chance ……….. nous. (=)

10. Je fais ………... heures d'anglais cette année ………….. l'année dernière. (+)

11. Tu vas …………. souvent au cinéma ……….. au théâtre. (-)

12. Elle est ………….. forte en dessin …………. en maths. (=)

13. Tu travailles …………… …….. le voisin. (=)

14. Dans ce magasin, il y a …………… clients …….. d'habitude. (-)

15. Elle est …………… aventurière ………. son frère. (=)

b.   *Complétez par « aussi » ou « autant ».*

16. Je parle …………… mal le français que l'anglais.

17. Il a voyagé ………….. que vous.

18. J'aime ………….. le café que le thé.

19. Ils sont …………. fatigués l'un que l'autre.

20. Tu marches toujours …………… rapidement ?

21. Je travaille ………….. vite que mon chef.

22. Ma voiture est ………… rapide que la tienne.

23. Nous sortons …………… qu'avant.

24. On a acheté ………….. de gâteaux que le jour de ton anniversaire.

25. Tu n'as pas vu …………… de films que moi.

26. Elle mange …………… bien que toi.

c.   *Complétez avec bon(ne)(s), bien, meilleur(e)(s) ou mieux.*

27. Paul est un …………. professeur. Il explique ………….. la grammaire.

28. J'ai eu une …………… note que toi.

29. On mange ………….. en France, mais je préfère déjeuner ici. Les repas sont

…………….. .

30. C'est …………. de prendre la parole mais c'est …………….. de réfléchir

avant de parler.

31. Cette cravate va ……………… avec ton costume, mais l'autre va encore

…………….. .

32. J'ai obtenu de ……………. résultats à mes examens.

33. Ce vin est ……………. mais ce champagne est ……………….. .

34. Travailler c'est …………… mais se reposer c'est ……………… !

35. Ces croissants sont ……………… mais cette tarte est …………………... .

36. J'aime bien les vacances au camping, mais aller à l'hôtel, c'est …………… .

d. Complétez.

37. Ce pantalon est de bonne qualité mais l'autre est (+) ……………….. .

38. Tu peux manger des bonbons mais tu ne dois pas en manger (=) …………….. .

39. L'an dernier, le service du restaurant était mauvais mais cette année il est

encore (-) …………….. .

40. Les fraises sont bonnes en avril mais elles sont (+) ……………. en juin.

41. Tu joues bien du piano mais il joue encore (+) …………….. que toi.

42. Elle va (+) ……………… hier ; elle n'a plus de fièvre.

43. Il a beaucoup (-) …………… vacances que nous.

44. Tes résultats en français sont mauvais mais en anglais ils sont encore (-)……… .

45. Son projet est bon mais mes idées sont (+) …………… .

46. Tu es (=) …………… courageux que moi.

47. Mon cousin a beaucoup (-) ……………… amis que moi.

48. Manger trop de sucre, c'est mauvais mais boire beaucoup d'alcool , c'est (-)

…………….. .

49. Ma soeur a vraiment (+) …………… argent que toi.

50. Ne rien faire, c'est bien mais avoir une bonne occupation, c'est (+) …………… .

2. Le superlatif :

Complétez.

a. (+) C'est le parfum ………………….. cher du monde.

b. (-) Voilà l'étudiant …………………… sympathique de la classe.

c. (+) C'est à Paris que la qualité de vie est ………….………….. du monde.

d. (+) Ce sont …………………… jolies fleurs du marché.

e. (+) C'est l'élève ………………… idiote de la classe.

f. (-) La ville ……………….. loin est à quinze kilomètres.

g. (+) …………………… fruits poussent au soleil.

h. (+) …………………… est de ne pas consommer trop de graisses.

i. (+) Le chat n'est pas l'animal …………..……….. fidèle.

j. (+) Regarde ! C'est ……………… haute montagne d'ici !

k. (+) C'est dans ce pays qu'on trouve …………………….. animaux sauvages.

l. (-) Ce plat est mauvais mais ce n'est pas ……………….. .

m. (-) Tu vois ces dictionnaires ? Ce sont ………….………. petits qui existent.

n. (-) C'est dans cette ville qu'il y a ……………..…. motos.

o. (+) Voilà la voiture qui pollue …………………….. .

p. (+) C'est chez nous que la qualité de vie est ……………………… .

q. (+) Ce sont de bons travailleurs ; ce sont ………….………….. de l'entreprise.

r. (-) Cette voiture est ……………..…… rapide.

s. (+) Les enfants …………………… studieux sont placés devant.

t. (-) C'est le moyen de transport qui va ………………….. vite.

u. (+) C'est le pays qui attire …………..………. touristes.

v. (+) D'après toi, quelle ville est …………………… agréable ?

w. (-) Tu fais les courses dans les magasins …………………… chers.

x. (-) Voilà la ville où il y a ……………………. musées.

y. (+) Ma chambre est la pièce …………………… spacieuse de chez moi.

z. (-) C'est dans mon village qu'il y a ……………………. habitants.

17. Les adjectifs et les pronoms indéfinis

A. Complétez avec les adjectifs « tout », « toute », « tous » et « toutes ».

1. Il a travaillé .... sa vie.

2. On a bu .... le vin.

3. .... les garçons sont venus à la fête.

4. .... sa famille l'adore.

5. Il mange .... le temps !

6. Cet enfant a écrit sur .... mes feuilles.

7. Tu as dépensé .... ton argent.

8. Il n'a pas invité .... ses fils.

9. .... les gens m'ont félicité.

10. .... les mères aiment parler de leurs enfants.

11. Il connaît .... le monde !

12. Je lui ai présenté .... mes amies.

B. Complétez avec les adjectifs indéfinis « chaque », « plusieurs », « quelques », « certain(e)s », « tout... » ou avec les pronoms indéfinis « certain(e)s », « plusieurs », « les autres », « quelques-un(e)s », « tous / toutes ».

13.   - Il est seul pour faire ce travail ?

              - Non, ils sont ....

14. et 15.   - Tu as invité tes amis ?

              - .... d'entre eux, oui, mais pas ....

16. et 17.   - Tu as mangé .... les chocolats ?

              - Non, ... seulement.

18.   - .... personnes ne comprennent pas pourquoi je suis

              déprimé.

19. et 20.   - Quand vont-ils au cinéma ?

              - .... y vont le vendredi soir et .... le samedi.

21. et 22.   - Il va chez sa mère .... les dimanches ?

                - Non, il y va .... samedi.

23.   - Je trouve que tu as grossi. Tu as pris .... kilos ?

24.   - Tu dois te laver les mains .... fois par jour !

25.   - Dans ce travail, il y a .... choses que je ne comprends pas.

26.   - Ils viennent te voir .... les jours ?

27.   - Elle a .... médicaments à prendre par jour.

28.   - Je lui téléphone .... soir.

29.   - Tu as perdu beaucoup de kilos ?

                - Non, ... seulement.

30.   - Tu ne dois pas écouter .... ; ils sont jaloux.

31.   - Elle a étudié .... la journée !

32.   - À la boulangerie, ... m'ont dit que tu allais divorcer.

                C'est vrai ?

33.   - Tu as acheté beaucoup de fleurs ?

                - Non, ... seulement ! Elles sont chères !

34.   - .... mois, j'ai des problèmes pour économiser.

35.   - Elle a vu ses copines ?

                - Oui, elle les a .... vues.

36.   - As-tu .... livres à me prêter ?

37.   - .... les hommes sont les mêmes !

38.   - Vous avez regardé les photos ?

                - Oui, on les a .... regardées.

39.   - .... individu doit être responsable de ses actes.

40.   - .... m'ont raconté que tu avais gagné au loto !

18. Les adverbes

A. Pour chaque adverbe, retrouvez l'adjectif (masculin et féminin).

a. richement   → ....   f. poliment   → ....

b. salement   → ....   g. largement   → ....

c. calmement   → ....   h. étroitement   → ....

d. heureusement → ....   i. joliment   → ....

e. simplement   → ....   j. vraiment   → ....

B. Formez les adverbes à partir des adjectifs donnés.

k. naïf   → ....   p. fréquent   → ....

l. fou   → ....   q. patient   → ....

m. doux   → ....   r. abondant   → ....

n. courageux   → ....   s. brillant   → ....

o. bête   → ....   t. lent   → ....

C. Complétez les phrases par un adverbe construit à partir des adjectifs suivants :

méchant, rapide, soigneux, dangereux, profond, tranquille, correct, propre, simple, lent, franc, complet, malheureux, doux, sec, long, courant, fréquent, juste, timide, sûr.

1. Il ne nous écoute pas ; il dort ....

2. On pensait avoir gagné au loto. ...., on a tout perdu !

3. Il est sale quand il mange ; il ne sait pas manger ....

4. Cette femme est très sévère. Elle a répondu .... à ma question.

5. Attention au chien ! Il nous regarde ....

6. Cette voiture est passée si .... que je ne l'ai pas vue.

7. Elle a rangé ses verres en porcelaine .... pour ne pas les casser.

8. La tortue est un animal qui se déplace ....

9. Mon cousin qui est allemand parle le français ....

10. Ta tante va souvent vous voir, vous la voyez ....

11. Tu dois me parler avec sincérité ; parle-moi .... !

12. Je ne vais jamais en voiture avec mon frère car il conduit ....

13. Tu dois apprendre à écrire ...., sans erreurs !

14. Quand je suis entrée, il m'attendait ...., bien installé dans le canapé !

15. Cet homme est .... fou ; il m'a insultée sans raisons !

16. Ne t'inquiète pas ! Paul est en retard mais il va .... venir !

17. Tu as compliqué l'exercice ; il fallait .... répondre aux questions !

18. Le chat est arrivé ...., sans bruit, et il a commencé à manger dans le plat.

19. C'est .... toi que je voulais voir ! Assieds-toi et écoute-moi !

20. Annie m'a .... parlé de ses problèmes ; elle m'a tout expliqué.

21. Le petit garçon a levé la main .... pour répondre à la maîtresse.

   D. <u>Complétez ces phrases en utilisant l'adjectif entre parenthèses pour former
   l'adverbe.</u>

22. Tu me parles .... ? (sérieux)

23. Il fait du sport .... ? (quotidien)

24. Elle travaille .... ? (actuel)

25. J'aimerais vivre .... (différent)

26. Avec mes explications, tu es arrivé .... ? (facile)

27. Il est resté au Japon .... ? (final)

28. J'ai .... une semaine de vacances. (seul)

29. Tu veux .... quitter ton travail ? (vrai)

30. Elle n'a pas .... d'argent. (suffisant)

E. Complétez ces phrases avec les adverbes « bien », « mieux », « mal » ou avec les adjectifs « bon », « meilleur », « mauvais ».

31. Pour comprendre un étranger, tu dois .... l'écouter.

32. Je n'achète pas de fraises car elles sont vraiment .... cette année.

33. Je suis désolé mais j'ai .... compris ce que vous avez dit.

34. Depuis qu'ils se sont réconciliés, tout va .... à la maison.

35. J'adore ces chocolats ; ils sont vraiment .... !

36. Il pleut, il fait du vent ; quel .... temps !

37. Annie et Valérie sont les .... amies du monde.

F. Dites la même chose en utilisant « ne... que ».

38. Je travaille seulement le matin. → ....

39. Elle a seulement 10 € à dépenser. → ....

40. On ira seulement en Suisse. → ....

41. J'ai seulement besoin de repos. → ....

42. Il a seulement vu un film. → ....

43. Ils gagnent seulement 800 € par mois. → ....

44. Tu as pris seulement une entrée. → ....

45. Je m'intéresse seulement aux voitures. → ....

19. Les indicateurs de temps ou marqueurs chronologiques

1. Complétez avec "hier" ou "demain".

1. ...., je pars en vacances.

2. ...., il est allé au théâtre.

3. ...., j'ai rencontré Marie à la piscine.

4. Ils se marient ....

5. ...., j'étais malade.

6. Paul m'a téléphoné ………………………… ; il va bien.

7. Tu peux me téléphoner ……………………… avant midi ?

8. Mon frère arrive ……………………… par avion.

9. Il est reparti …………………………….. matin.

10. Au revoir et à ……………………… !

2. Complétez avec « depuis » ou « il y a ».

11. Il est malade ………………. lundi.

12. On s'est rencontrés …………... deux mois dans le métro.

13. Je t'attends ………………… plus d'une heure !

14. Ils ne se quittent plus ………………. qu'ils se sont rencontrés.

15. Ils se sont mariés ………………. trois ans et ils ont déjà trois enfants.

16. Sophie ? ………………... longtemps que je ne l'ai pas vue.

17. Il travaille dans cette entreprise ………………… cinq ans.

18. Je l'ai acheté …………….. un peu plus d'un an.

19. Il a téléphoné ……………… à peine deux minutes.

20. Je ne l'ai pas vu ……………… un mois.

3. Complétez en utilisant « c'était » / « il y avait » / « il faisait » / « il ou elle était ».

21. La fête chez Paul, ………………………… vraiment génial !

22. Alors, …………………………. bon aux Antilles ?

23. Ce matin, je suis arrivé en retard, …………………………. une manifestation.

24. Je suis passé chez Marc, mais …………….. n' ………..……... pas là.

25. Hier, j'ai vu Paul, ………………………… content de me voir.

26. …………………………. bien la Norvège, mais ……………………… froid.

4. Complétez en choisissant l'indicateur de temps qui convient.

27. …………………………., j'ai beaucoup de travail. (Cette semaine/ Hier/ Le mois dernier)

28. …………………………., je vais toujours à la piscine. (Lundi/ Ce soir/ Le lundi)

29. ....……., j'ai mal dormi ; mes voisins ont fait une fête. (Cette nuit/ La nuit/ Après-demain)

30. Il arrive …………………., à 23h30. (ce matin/ cette nuit/ hier)

31. ………………., c'est mon anniversaire. Je vous invite. (Le dimanche/ Hier/ Dimanche)

32. ………………………., j'ai vu un bon film à la télé. (Hier/ Après-demain/ Dimanche prochain)

5. Soulignez l'indicateur chronologique correct.

33. Il est arrivé en juin, plus précisément (au début/ à la fin/ au milieu) de l'année.

34. (Au début/ A la fin/ Au milieu) du repas, elle a servi le dessert : un superbe gâteau.

35. (Avant/ Pendant/ Après) ses études secondaires, il est entré à l'université.

36. Je l'ai rencontré lundi, c'est-à-dire (à la fin/ au début/ au milieu) de la semaine.

37. Je recevrai le public (à la fin du/ pendant le/ au cours du) spectacle.

38. (D'abord/ Puis/ Pour terminer), il a salué tout le monde, puis il a commencé son discours.

39. (Au début/ A la fin/ Au milieu) du repas, le serveur nous a apporté l'addition.

40. J'ai pris une salade en entrée et (depuis/ après/ d'abord) du poisson.

41. Elle a chanté (pendant, en, dans) le repas.

42. Il a déjeuné (avant, puis, alors) il est parti.

43. Nous avons fait tout notre travail (dans, en, puis) deux heures.

44. Elle téléphonait (après, avant, au moment où) je suis entré.

45. Il fait mauvais temps (puis, après, alors) il va rester chez lui.

46. Je faisais la sieste et (au moment où, à un moment, quand) mon verre est tombé.

47. (Depuis, Dans, Après) la vaisselle, je me repose un peu.

48. On partira pour l'Egypte (dans, en, depuis) quinze jours.

49. Elle a fait sa valise (en, dans, alors) cinq minutes ; elle était pressée.

50. Il s'est levé (aux, à, avec) cinq heures.

51. Tu te prépares, (depuis, ensuite, avant) tu pourras sortir.

52. (Dans, Pendant, En) ces dix dernières années, il a toujours travaillé en France.

53. (Au moment où, A un moment, Pendant) j'ai commencé à travailler, il m'a appelé.

54. Il va voyager (puis, depuis, d'abord) il va retourner au travail.

55. Tu n'as pas étudié (puis, alors, pendant) tu vas avoir une mauvaise note.

6. <u>Ça se passe le matin, l'après-midi, le soir ou la nuit ?</u>

56. Le petit déjeuner est à huit heures. → ....

57. Je t'attends à sept heures à la sortie du bureau. → ....

58. Je fais la fête et je ne me couche jamais avant minuit. → ....

59. Le jour se lève. → ....

60. Après le déjeuner, tu vas te promener pour faire la digestion. → ....

20. La négation

*Quelqu'un / ne… personne,   quelque chose / ne… rien,   souvent / ne… jamais,
quelque part / ne… nulle part,   déjà / ne… pas encore,   encore / ne… plus.*

<u>Écrivez la négation de ces phrases :</u>

1.   Tu pars déjà.

-    ....

2.   Il a mis son sac quelque part.

-    ....

3.   J'ai encore vu le voisin.

-    ....

4.   Il mangera quelque chose.

-    ....

5.   Tu manges souvent du poisson.

\-   ....

6.   Quelqu'un est venu hier.

\-   ....

7.   Tu iras encore dans le parc.

\-   ....

8.   Vous êtes souvent allés au Japon.

\-   ....

9.   Tu as déjà acheté ici.

\-   ....

10.   Tu sors avec quelqu'un.

\-   ....

11.   Paul est invité quelque part.

\-   ....

12.   Sa sœur est déjà partie.

\-   ....

13.   On va encore à Paris.

\-   ....

14.   Nous sommes déjà venus manger dans ce restaurant.

\-   ....

15.   On a vu cet homme quelque part.

\-   ....

16.   J'ai organisé quelque chose pour son anniversaire.

\-   ....

17.   Il y a encore quelque chose à la télé.

\-   ....

18.   L'an prochain, il ira souvent chez toi.

\-   ....

19.   Elle veut encore sortir.

\-   ....

20.   Quelqu'un va faire ce travail pour moi.

\-   ....

21.   Il neige encore.

\-   ....

22.   La boulangerie est encore ouverte.

\-   ....

23.   Vous mangez souvent des crudités.

\-   ....

24.   Elle va aller quelque part.

\-   ....

25.   Tu vois toujours quelqu'un.

\-   ....

26.   Il reste encore quelque chose à boire.

\-   ....

27.   Tu prends encore des bains de soleil.

\-   ....

28.   Il est déjà arrivé.

\-   ....

29.   Il prend encore le bus le matin.

\-   ....

30.   Tu as déjà mangé des cuisses de grenouille.

\-   ....

31.   Tu étais quelque part hier.

\-   ....

32.   Paul veut encore de la purée.

\-   ....

33.   Caroline prête toujours ses affaires.

-       ....

34.   Vous changez souvent de brosse à dents.

-       ....

35.   Il a déjà fini.

-       ....

36.   Tu veux quelque chose à manger.

-       ....

37.   Tu vas parfois au spectacle.

-       ....

38.   Vous irez encore dans le parc.

-       ....

39.   Tu as vu une femme quelque part.

-       ....

40.   Tu as déjà acheté l'un de nos produits.

-       ....

41.   Tu vas parfois en boîte.

-       ....

42.   Elle va demander quelque chose.

-       ....

43.   Vous avez déjà payé.

-       ....

44.   J'ai laissé mes clés quelque part.

-       ....

45.   Ils ont encore de la chance au jeu.

-       ....

21. Le gérondif

1. Donnez le gérondif de ces verbes :

1. parler → ....   11. sortir → ....
2. boire → ....   12. ouvrir → ....
3. finir → ....   13. venir → ....
4. apprendre → ....   14. dormir → ....
5. vouloir → ....   15. mettre → ....
6. partager → ....   16. commencer → ....
7. connaître → ....   17. comprendre → ....
8. écrire → ....   18. choisir → ....
9. perdre → ....   19. attendre → ....
10. partir → ....   20. payer → ....

21. avoir → ....
22. être → ....
23. savoir → ....

2. Écrivez le gérondif et dites s'il exprime la manière (M), la cause (C) ou la simultanéité (S).

24. Tu vas perdre du temps (aller) .... à pied. (...)

25. Il a trouvé un bon restaurant (chercher) .... sur Internet. (...)

26. Nous parlerons de tes vacances (déjeuner) .... (...)

27. (voyager) .... dans ce petit train, elle est arrivée en retard à la réunion. (...)

28. Vous avez récupéré vos clés (arriver) .... (...)

29. (réserver) .... les visites par téléphone, tu es sûr d'avoir des places. (...)

30. Tu découvres le paysage (se reposer) .... (...)

31. Il visite la région (prendre) .... son temps.

32. Tu n'as pas besoin de prendre un taxi (laisser) .... ta voiture au parking. (...)

33. Il peuvent marcher beaucoup de kilomètres (faire) .... des pauses. (...)

34. Nous allons avoir du succès (s'habiller) .... à la mode. (...)

35. J'aime bien regarder la télé (manger) .... (...)

36. (téléphoner) .... à la dernière minute, il n'y a plus de places. (...)

37. Cet homme s'est installé (continuer) .... de fumer sa pipe. (...)

38. Tu as remercié ta voisine (lui offrir) .... des chocolats. (...)

39. Elle est passée devant moi (me dire) .... des bêtises. (...)

40. Ils ont le temps de tout faire (se lever) .... de bonne heure. (...)

41. Mon père m'a demandé de faire moins de bruit (donner) .... des coups sur le mur. (...)

42. Il m'a regardé (choisir) .... son menu. (...)

43. J'ai refusé son aide (dire) .... que je pouvais le faire seul. (...)

44. Je leur ai demandé de m'attendre (leur expliquer) .... que j'avais du travail. (...)

45. Il t'a écouté (lire) .... son journal. (...)

46. Je lui ai dit que le poisson était délicieux (sourire) .... (...)

47. Il a préféré ne pas manger (affirmer) .... qu'il n'avait pas faim. (...)

48. Nous nous sommes excusés (lui offrir) .... des fleurs. (...)

49. (consommer) .... beaucoup de graisses, tu vas grossir. (...)

50. (faire) .... tout trop vite, tu te fatigues plus. (...)

51. Il ne faut pas répondre au téléphone (conduire) .... (...)

52. Elle s'est blessée (couper) .... sa viande. (...)

53. Tu aimes lire (avoir) .... le silence. (...)

54. Tu seras en forme le matin (se coucher) .... tôt. (...)

55. Je vais perdre du poids (monter) .... les escaliers à pied. (...)

22. Le discours indirect au présent

1. Rapportez les paroles de cette mère.

1. Étudiez bien à l'école !   → Elle leur demande ....

2. Faites moins de bruit !   → Elle leur demande ....

3. Je vous emmènerai à la piscine   → Elle leur dit ....

4. Vous n'avez pas bien travaillé.   → Elle leur dit ....

5. Vous êtes insupportables.   → Elle leur dit ....

2. Que demande ce professeur à ses élèves ?

6. Ouvrez vos livres et lisez !   → Il leur demande ....

7. N'écrivez pas sur les tables !   → Il leur demande ....

8. Ecoutez bien et répétez après moi ! → Il leur demande ....

9. Ne parlez pas tout le temps !   → Il leur demande ....

3. Écrivez ces questions à la forme indirecte.

10. Que faites-vous le week-end ?   → Il veut savoir ....

11. Qu'est-ce que tu lis ?   → Elle te demande ....

12. Que décides-tu de faire ?   → Il veut savoir ....

13. Qu'est-ce qu'ils regardent ?   → Il me demande ....

4. Répondez à ces phrases en utilisant « ce que » ou « ce qui ».

14. Qu'est-ce qui t'amuse ?   → Il veut savoir ....

15. Qu'est-ce que tu écoutes à la radio ? → Il te demande ....

16. Qu'est-ce qui vous plaît ?   → Il vous demande ....

17. Que faites-vous le samedi ?   → Elle veut savoir ....

5. <u>Rapportez au style indirect.</u>

18. Tu préfères le travail ou les vacances ?

- Il veut savoir ....

19. Vas-tu dîner chez tes amis ?

- Elle te demande ....

20. Est-ce que tu sors le vendredi soir ?

- Ils te demandent ....

21. En quelle année est-elle née ?

- Tu veux savoir ....

22. Comment allais-tu à l'école ?

- Elle veut savoir ....

23. Ne me regardez pas comme ça !

- Il te dit ....

24. Qu'as-tu inventé ?

- Elle te demande ....

25. Lève-toi !

- Elle te dit ....

26. Iras-tu au cinéma ce soir ?

- Il veut savoir ....

27. Ne vous maquillez pas !

- Il vous demande ....

28. Qu'est-ce qui te fait rire ?

- Elle te demande ....

29. Est-ce qu'ils m'ont téléphoné ?

- Il veut savoir ....

30. Qu'est-ce qu'elle a acheté ?

- Il te demande ....

31. Ne t'habille pas de cette façon !

- Elle te dit ....

32. Pourquoi elle n'est pas venue ?

- Ils veulent savoir ....

33. Choisirez-vous un chat ou un chien ?

- Elle veut savoir ....

34. Le gâteau est bon !

- Elle dit ....

35. Il te faudra un pantalon vert !

- Elle te dit ....

36. Quand es-tu libre ?

- Il veut savoir ....

37. Qu'est-ce qui est bleu, blanc, rouge ?

- Il demande ....

38. Ne l'appelez pas maintenant !

- Il demande ....

39. Tu as travaillé combien d'heures ?

- Elle veut savoir ....

40. Couche-toi sous la table !

- Il demande à son chien ....

6. Trouvez les questions du discours direct.

41. Je te demande ce que tu fais ici.   → ....

42. Je te demande d'où tu viens.   → ....

43. Je te demande pourquoi tu es ici.   → ....

44. Je te demande comment tu t'appelles.   → ....

7. Complétez ces phrases.

45. Je veux savoir...................... te ferait plaisir.

46. On ne sait pas .... elle fera plus tard.

47. Il me demande souvent .... je gagne beaucoup d'argent.

48. Je ne sais pas ………………………… il a volé ce matin dans le magasin.

49. Vous ignorez …………………… vous vendrez votre maison.

50. Vous ne savez pas encore …………………. il viendra.

8. Ecrivez le style direct.

51. Il te demande de manger proprement.

- Il te demande : « ………………………………………………………… ! »

52. Il veut savoir ce qu'il y a comme dessert.

- Il veut savoir : « …………………………………………………… ? »

53. Il dit que je ne pourrai pas sortir pendant une semaine.

- Il dit : « …………………………………………………………… ! »

54. Il vous demande de ne pas vous doucher après le repas.

- Il vous demande : « …………………………………………… ! »

55. Le médecin me demande où j'ai mal.

- Le médecin me demande : « ……………………………………… ? »

23. Les pronoms directs et indirects

1. Utilisez les pronoms directs.

1. Tu appelles la secrétaire ?   - Non, mais je vais ……………appeler.

2. On adore cet acteur.   - Toi, tu ne …………… supportes pas.

3. Ils écoutent les informations.   - Ils ……………… écoutent.

4. Tu as fait tes devoirs.   - Tu …………… as fait**s**.

5. Il a acheté sa voiture.   - Il …………… a acheté**e**.

6. Vous savez très bien faire l'omelette.   - Vous savez très bien ………… faire.

7. Achetez ce vin !   - Achetez- ………… !

8. Ne mangez pas ces bonbons !   - Ne ………… mangez pas !

9. Tu n'achètes pas *le journal* tous les matins.   - Tu ....

10. Mon ami sait faire *la cuisine.*   - Mon ami ....

11. Il ne va pas promener *ses chiens.*   - Il ....

12. Prenons *ces livres* !   - Prenons-..................... !

13. Elle n'a pas fini *ses examens.*   - Elle ....

14. Tu as dit à ta soeur *que tu avais gagné.*   - Tu ....

15. Il a connu *mes amies.*   - Il ....

16. On n'a pas *son numéro de téléphone.*   - On ....

2. Utilisez les pronoms indirects.

17. Il n'a pas écrit au directeur.   - Non, mais il va .... écrire.

18. Tu as parlé à Sophie ?   - Oui, et je .... ai tout raconté.

19. Il va donner des chocolat aux enfants.   - Il va .... donner des chocolats.

20. Tu as acheté une moto à ton fils.   - Tu .... as acheté une moto.

21. Téléphone aux voisins !   - Téléphone- .... !

22. Je n'ai pas envoyé la facture à Paul.   - Je ne .... ai pas envoyé la facture.

23. N'offrez rien aux cousins !   - Ne .... offrez rien !

24. Il ne ressemble pas à l'acteur de ce film.   - Il ne ....ressemble pas.

25. Vous avez parlé *à Madame Dubois* ?   - Oui, je ....

26. J'ai acheté des disques *à mes neveux.*   - Je ....

27. Il n'a pas demandé d'argent *à sa mère.*   - Il ....

28. Raconte l'histoire *aux étudiants* !   - Raconte- .... !

29. On va mentir *au professeur.*   - On ....

30. Ce garçon ne plaît pas *à tes parents.*   - Ce garçon ....

31. Ne dites pas bonjour *à ces étrangers* !   - Ne ....

32. Il ne doit rien prêter *à Marie.*   - Il ....

3. Utilisez les pronoms directs et les pronoms indirects.

33. Tu connais ces chanteurs ?   - Oui, je .... ai découverts hier.

34. Vous écrivez à vos oncles ?   - Non, mais je .... rends visite.

35. Tu vois souvent le voisin ?   - Oui, je .... rencontre le matin.

36. Tu es entré sans clé ?   - Non, il .... a ouvert la porte.

37. Il interroge ses élèves ?   - Oui, il .... pose des questions.

38. Il nous a vus sortir ?   - Oui, il .... a aperçus de loin.

39. Faites votre travail !   - Faites- .... !

40. Tu as acheté ces fleurs.   - Tu .... as achetées.

41. N'apportez rien à ma fille !   - Ne .... apportez rien !

42. Il n'a pas dit qu'il était bête.   - Il ne .... a pas dit.

43. Il n'a pas de nouvelles de son frère mais ce soir il .... téléphonera.

44. La semaine dernière, j'ai oublié mon parapluie chez Olivier. Aujourd'hui, je vais

aller .... chercher.

45. J'adore les oiseaux et je .... donne souvent à manger.

46. Il a téléphoné aux Mauboussin et il .... a dit de venir passer la journée avec eux.

47. Elle reste chez elle ce soir ?   - Non, sa maison, elle ne .... aime pas.

48. Tu as l'intention de visiter Lyon ?   - Oui, cette ville, je vais .... visiter.

49. Qu'est-ce que tu fais là ? Tu attends ton frère ? - Oui, ça fait une heure que je

.... attends.

50. Ce matin, j'ai acheté ces fruits mais je ne vais pas .... manger.

Remplacez le complément par un pronom direct ou indirect.

51. Tu as appelé *les enfants.*   - ....

52. Il aime aider *les autres.*   - ....

53. Tu obéis toujours *à tes parents.*   - ....

54. Salue *tes professeurs* !   - .... !

55. Ne mange pas *ta soupe* ! - .... !

56. Tu as aimé *cette femme.* - ....

57. Tu vas sourire *à cet homme.* - ....

58. Vous n'écrivez pas *au maire.* - ....

59. Il vient de remercier *ses amis.* - ....

60. Nous avons regardé *cette émission.* - ....

61. Dis merci *à tes cousins* ! - .... !

62. Tu penses *qu'il viendra.* - ....

63. Il a souhaité bonne chance *à Marie* ! - ....

64. Vous n'allez pas quitter *votre pays.* - ....

65. N'ouvrez pas *la porte* ! - .... !

66. Va embrasser *ta grand-mère* ! - .... !

67. Il ne répond pas *à son ami Louis.* - ....

68. Il n'a pas rencontré *les voisins.* - ....

69. On n'a pas aimé *ces actrices.* - ....

70. Ce film n'a pas plu *à Alice.* - ....

24. Les pronoms Y et EN

1. Le pronom Y.

A. Que remplace ce pronom ?

1. On *y* va quand on a fini de travailler en été. - On va ....

2. Nous *y* allons pour acheter le pain. - Nous allons ....

3. On *y* fait toutes nos courses. - On fait toutes nos courses ....

B. Utilisez le pronom Y.

4. Je suis *au Japon.* - J' .... suis.

5. Tu penses *à tes études.* - Tu .... penses.

6. Il ne va jamais *au théâtre*.   - Il n' .... va jamais.

7. Nous restons *chez nous*.   - Nous ....

8. Tu ne vas pas *en Allemagne*.   - Tu ....

9. Il va aller *à Madrid*.   - Il ....

10. Restez *à la maison* !   - Restez- .... !

11. Vous avez été *chez le médecin*.   - Vous ....

12. Elle ne pense jamais *à son travail*. - Elle ....

2. Le pronom EN.

A. Que remplace ce pronom ?

13. On *en* utilise un pour téléphoner.   - On utilise ....

14. On *en* mange en été quand il fait chaud. - On mange ....

15. Les enfants *en* sortent vers dix-sept heures. - Ils sortent ....

16. Tu manges *des pâtes*.   - Tu .... manges.

17. N'achète pas *de sucre* !   - N' .... achète pas !

18. Il est revenu *d'Amérique*.   - Il .... est revenu.

19. Je viens *de chez Pierre*.   - Je ....

20. Ils n'ont pas *de patience*.   - Ils ....

21. Ne prends pas *de riz* !   - Ne .... !

22. Elles ont fait *de la gymnastique*.   - Elles ....

23. Je vais rentrer *de France*.   - Je ....

24. Tu n'as pas acheté *beaucoup de viande*. - Tu ....

3. Choisissez. Utilisez le pronom Y ou le pronom EN.

25. Tu portes *des lunettes* normalement. - Tu ....

26. Ils sont allés *en Egypte*.   - Ils ....

27. Vous restez souvent *à Paris.*   - Vous ....

28. Il prend *quelques médicaments.*   - Il ....

29. Il croit *aux horoscopes.*   - Il ....

30. Je ne mange pas souvent *au restaurant.* - Je ....

31. Il est déjà allé *au Maroc.*   - Il ....

32. Elle a *un chat.*   - Elle ....

33. Nous mangeons *des légumes.*   - Nous ....

34. Il ne boit pas *de vin.*   - Il ....

35. Il a pris *une douche.*   - Il ....

36. Je suis *chez le dentiste.*   - Je ....

37. Tu viens d'aller *à la piscine.*   - Tu ....

38. Il y a beaucoup *de fruits* ici.   - Il ....

39. Achète *une nouvelle voiture* !   - Achètes- .... !

40. Il a pris *un morceau de poisson.*   - Il ....

41. Pense *à l'avenir* !   - Penses- .... !

42. Elle n'a pas acheté *de médicaments.*   - Elle ....

43. Il rêve *de cette voiture.*   - Il ....

44. Ne buvez pas *d'eau* !   - .... !

45. Réfléchis *au problème* !   - .... - .... !

46. Tu ne te souviens pas *de ce voyage.*   - Tu ....

47. Ils ne sont pas encore allés *en Afrique.*   - Ils ....

48. Tu vas t'occuper *de cette machine.*   - Tu ....

49. Il va penser *à ce que je lui ai dit.*   - Il ....

50. On n'a plus *d'argent.*   - On ....

25. Les pronoms compléments directs, indirects, Y, EN, toniques.

1. <u>Remplacez les compléments soulignés par un pronom.</u>

- 1. Le footballeur sort <u>de la douche</u>.   - ....
- 2. J'appelle <u>les gendarmes</u> tout de suite.   - ....
- 3. Nous irons voir <u>nos parents</u> demain.   - ....
- 4. Il a lu <u>quelques romans policiers</u>.   - ....
- 5. Accompagne <u>les enfants</u> à l'école !   - ....
- 6. Ne prenez pas <u>le métro</u> aujourd'hui !   - ....
- 7. J'ai très envie <u>d'aller au cinéma</u>.   - ....
- 8. J'ai trouvé <u>plusieurs fautes</u> dans ton cahier.   - ....
- 9. Ce soir, je dois aller <u>à une conférence</u>.   - ....
- 10. Je n'ai pas encore téléphoné <u>au directeur</u>.   - ....
- 11. J'ai déjà vu <u>cette fille</u> quelque part.   - ....
- 12. Tu vas participer <u>aux préparatifs de la fête</u>.   - ....
- 13. Il rêve <u>de devenir riche</u>.   - ....
- 14. J'ai raconté <u>ce que tu avais fait</u>.   - ....
- 15. Elle a fait <u>les courses</u> dans la matinée.   - ....
- 16. Vous avez travaillé <u>dans cette entreprise</u>.   - ....
- 17. Je sais <u>qu'il ne viendra plus me voir</u>.   - ....
- 18. Il mange toujours <u>des bonbons</u>.   - ....
- 19. J'ai acheté <u>ces roses</u> pour vous.   - ....
- 20. Ils n'ont pas téléphoné <u>aux voisins</u>.   - ....
- 21. J'ai acheté <u>une voiture</u>.   - ....
- 22. <u>En Espagne</u>, il fait très chaud en juillet.   - ....
- 23. N'oublie pas de penser <u>à sortir les poubelles</u> ! - ....
- 24. N'écoute pas <u>ce disque</u> !   - ....
- 25. Je ne vais pas acheter <u>de fruits</u>.   - ....

2. <u>Complétez avec un pronom.</u>

26. Gagner au loto, tu ……………….. crois ?

27. Des félicitations ? Il ……………….. a reçu après son succès.

28. ……………………, tu ne parles pas beaucoup.

29. Son avenir l'inquiète, il ……………….. pense tout le temps.

30. J'ai acheté un nouveau tableau, mais je ne sais pas où ……………. mettre.

31. Bonjour madame, j'ai une lette pour ……………… !

32. Elle a vu un très beau film et elle ……………… a parlé à ses copains.

33. J'ai rencontré Pierre dans la rue et j'ai discuté avec …………….

34. …………………, on ne va jamais au cinéma.

35. Je trouve ces gens très sympathiques, j'aimerais ……………. parler.

36. Je te présente Paul et Sophie. …………, il est médecin, …………….., elle est étudiante.

37. Mon père me prête sa voiture, je peux ……………….. garder une semaine.

38. Julie a téléphoné à Paul pour ……………. inviter à dîner.

39. J'adore la Bretagne, je vais …………… aller prochainement.

40. Bonne chance les amis, je pense à ……………… !

41. ………………, j'ai une grande maison.

42. Il veut sortir avec cette fille et il va …………… téléphoner tout de suite.

43. J'aime bien mes voisins mais je ne ………………. appelle jamais.

44. Annie et Marie ! Attendez- ……………. ! Je viens avec …………… !

45. ………………, ils sont toujours en retard.

46. Quelle belle tarte ! Vous me ……………. laissez un morceau ?

47. ………………, elles ne font jamais leurs devoirs.

48. Vous ……………… êtes allés quand ?

49. Marie a vu de beaux poissons ; elle …………… a acheté quatre.

50. Ta réunion n'est pas finie ?   - Non, je ……………… retourne dans cinq minutes.

51. Tu …………… prends comment ton café ? Avec ou sans sucre ?

52. C'est l'heure, je dois …………… aller.

53. Tu as contacté la voisine ?   - Non, mais je .... réponds cet après-midi.

54. Joséphine est sympa mais on ne .... voit pas assez souvent.

55. Tes oncles veulent te parler. Je .... ai dit de venir te voir.

56. ...., elles ne prennent jamais de vacances.

57. Cette chemise verte, je ne .... aime pas du tout.

58. Regarde ce document ; lis- .... !

59. ...., on a l'impression qu'il ne travaille pas !

60. De la bière ? Je vais .... prendre un verre.

26. Le subjonctif présent

1.   Conjuguez ces verbes au subjonctif présent.

1. parler :   - que je ....   - que nous ....

2. s'habiller :   - que tu ....   - que vous ....

3. finir :   - qu'il ....   - qu'ils ....

4. choisir :   - que je ....   - que nous ....

5. apprendre :   - que tu ....   - que vous ....

6. boire :   - qu'il ....   - qu'ils ....

7. connaître :   - que je ....   - que nous ....

8. sortir :   - que tu ....   - que vous ....

9. écrire :   - qu'il ....   - qu'ils ....

10. lire :   - que je ....   - que nous ....

11. avoir :   - que tu ....   - que vous ....

12. être :   - qu'il ....   - qu'ils ....

13. aller :   - que je ....   - que nous ....

14. faire :   - que tu ....   - que vous ....

15. savoir :   - qu'il ....   - qu'ils ....

16. vouloir :   - que je ....   - que nous ....

17. pouvoir :   - que tu ....   - que vous ....

18. valoir :   - qu'il ....   - qu'ils ....

19. falloir :   - qu'il ....

20. pleuvoir :   - qu'il ....

Il faut que...

21. ... je .... (dormir).

22. ... tu .... (plaire).

23. ... nous .... (partir).

Tu veux que / qu'...

24. ... il .... (s'amuser).

25. ... je .... à l'heure (être).

26. ... ils .... l'an prochain. (se marier)

27. J'adore que tu (faire) .... des gâteaux.

28. Ils détestent que vous (aller) .... à l'étranger.

29. Tu apprécies que nous t'(aider) ....

30. On aime bien qu'ils (venir) .... nous voir.

2.   <u>Mettez à la forme négative les phrases suivantes.</u>

Exemple :   Tu crois qu'elle est malade.   → Tu ne crois pas qu'elle soit malade.

31. Paul a l'impression que son chat veut sortir. → ....

32. Il est sûr qu'on vit mieux aujourd'hui. → ....

33. Tu penses que le président a tort. → ....

34. Tu es certain qu'il faut le faire. → ....

35. Il me semble qu'il pleut. → ....

36. J'admets que c'est de notre faute. → ....

37. Il est convaincu que son ami part en Afrique. → ....

3.   Conjuguez les verbes entre parenthèses au subjonctif présent.

38. J'ai peur qu'elle ……………………… malade. (être)

39. Elle veut que tu …………………… le premier prix. (avoir)

40. Il souhaite que nous …………………… plus. (étudier)

41. Le patron demande que vous ……………………… le dimanche. (travailler)

42. Il ne veut pas que nous ……………………… sur cette chaise. (s'installer)

43. Elle déteste que son patron ne lui …………………… pas bonjour. (dire)

44. Vivement dimanche, que je …………………… (se reposer) !

45. Que le meilleur ……………………… (gagner) !

46. Elle déteste que le docteur la …………………… attendre. (faire)

47. Je préfère qu'ils ……………………… ce soir. (venir)

48. Tu voudrais que je ……………… t'appeler tous les jours. (pouvoir)

49. Veux-tu que j'y …………………. à ta place ? (aller)

50. Je ne crois pas qu'il ……………………… demain. (pleuvoir)

51. Il est bon qu'elle ……………………. toute la vérité. (savoir)

52. Elles détestent que leurs maris …………………… en retard. (rentrer)

53. Je doute que tu ……………………… du champagne. (boire)

54. Il apprécie que vous l'…………………… pour votre anniversaire. (inviter)

55. Il est dommage que vous …………………… sous la pluie. (se marier)

56. Nous nous indignons que tant d'enfants n'……………… rien à manger. (avoir)

57. Tu veux qu'il ……………………. son rendez-vous. (ne pas oublier)

58. Il est préférable que vous …………………… le bus. (prendre)

59. Il vaut mieux que tu …………………. ton amie. (appeler)

60. Il est trop petit pour que nous l'……………………… au cinéma. (emmener)

61. C'est possible qu'il …………………… au mois de mai. (neiger)

62. Il est impossible que vous nous ……………………… déjà. (quitter)

63. Il n'est pas certain que nous ………………… mieux aujourd'hui. (manger)

64. Il est juste que je …………………… mon travail. (finir)

65. J'attendrai jusqu'à ce que tu …………………… . (arriver)

27. L'indicatif ou le subjonctif ?

Choisissez le temps qui convient. Dites si vous utilisez l'indicatif (I) ou le subjonctif (S).

1. Il faut qu'elle (venir) …………………………………… (…)

2. Je pense qu'ils (venir) ………………………………… demain. (...)

3. Tu as besoin que nous (faire) ………………………. ce travail. (...)

4. Il croit qu'il (pleuvoir) …………………………… hier. (...)

5. Il est normal que nous vous (aider) ………………………… . (...)

6. Tu as peur qu'il (pleuvoir) …………………………………… . (...)

7. Il est clair qu'hier elle (ne pas vouloir) ………………………….. tout dire. (...)

8. Je suis sûr qu'elle (réussir) …………………………… bientôt à son examen. (...)

9. Je croyais que tu (jouer) …………………………. au football. (...)

10. Il est indispensable que vous (être) …………………………… d'accord. (...)

11. Il n'est pas certain que je (pouvoir) …………………… assister à la réunion. (...)

12. Il me semble qu'elle (revenir) ………………………….. mardi dernier. (...)

13. Il est peu probable qu'il (répondre) …………………………. à notre lettre. (...)

14. Il est clair que les verbes du 2ème groupe (finir) ………………………… en –ir. (...)

15. Elle doute que je (partir) …………………………. avec vous. (...)

16. Je regrette que vous (avoir) ……………………… tant de problèmes. (...)

17. Je constate qu'il (vendre) ……………………….. sa voiture récemment. (...)

18. Il ne faut pas que tu (aller) ……………………… à cette fête. (...)

19. Il est rare qu'il (lire) ………………………… le journal. (...)

20. J'ai l'impression qu'elle (connaître) ………………………… cet homme. (...)

21. Pourquoi (avoir) ………………………..- tu peur de lui ? (...)

22. Je pensais que tu (ne pas savoir) …………………………… la vérité. (...)

23. Il est important que nous lui (écrire) …………………………. . (...)

24. Elle est arrivée quand nous (prendre) ………………………… le thé. (...)

25. J'ai envie que mes enfants (apprendre) ……………………… à nager. (...)

26. Il est douteux qu'ils (ne pas vouloir) ………………………… venir. (...)

27. J'espère que vous (étudier) ………………………. vos verbes pour lundi. (...)

28. J'exige que tu (arriver) ………………………. à l'heure. (...)

29. Il n'aime pas que nous le (critiquer) …………………………… . (...)

30. Il est impossible que je (entendre) …………………………. ce bruit. (...)

31. J'y serai tôt pour que vous me (voir) ……………………………… . (...)

32. Tu es surpris que nous (payer) …………………………… un loyer si cher. (...)

33. On sera avec lui quand il (fêter) …………………………… son anniversaire. (...)

34. Il faut qu'on (savoir) …………………………… le jour exact. (...)

35. Lorsque vous (mettre) …………………………… la table, il me téléphonera. (...)

36. As-tu besoin que je (être) …………………………… avec toi ? (...)

37. Elle est contente que nous (rester) …………………………… quelques jours. (...)

38. Je ne pense pas que tu (devoir) …………………………… lire ce message. (...)

39. Elle dit qu'ils (ne pas faire) …………………………… tous les examens ce matin. (...)

40. Je désire que vous (couper) …………………………… l'herbe du jardin. (...)

41. Ele voudrait que je lui (acheter) …………………………… une glace. (...)

42. J'ai l'impression que de nouveau nous (se tromper) ………………………………… . (...)

43. Il n'a pas besoin que tu lui (dire) …………………………… ce qu'il doit faire. (...)

44. Il est clair que cette jeune fille (avoir) …………………………… des problèmes. (...)

45. Dites-leur que nous (passer) …………………………… les voir ce soir. (...)

46. Tu espères qu'il (faire) …………………………… beau ce week-end. (...)

47. On trouve vraiment triste qu'ils (boire) …………………………… tant à leur âge.

48. Il est utile que nous (se réunir) …………………………… pour faire ce travail. (...)

49. Elle trouve que vous (exagérer) …………………………… un peu. (...)

50. Tu estimes que ce (être) …………………………… la plus intelligente. (...)

51. Elle est enchantée que vous (accepter) …………………………… de venir. (...)

52. On ira à la plage quand il (revenir) ……………………………… . (...)

53. Je crois qu'il (laisser) …………………………… son travail la semaine dernière. (...)

54. On vient d'annoncer que le président (mourir) ………………………… dans la nuit. (...)

55. Il croit que ta mère le (contrôler) .... tout le temps. (...)

56. Je n'aime pas du tout que tu (ouvrir) .... mes sacs. (...)

57. Elle aimerait que ses enfants lui (offrir) .... des fleurs. (...)

58. On espère que le chef (augmenter) .... les salaires en juin prochain. (...)

59. Il ne faut pas que nous (nettoyer) .... la salle de bains. (...)

60. Ma grand-mère souhaite que tu (sortir) .... moins le soir. (...)

28. Avant de + infinitif présent / Après + infinitif passé

Complétez avec le verbe entre parenthèses.

1. C'est mieux d'arrêter sa voiture avant de .... au téléphone. (répondre)

2. Il est préférable de réfléchir avant de .... d'un sujet inconnu. (parler)

3. Après .... son travail, il est sorti. (terminer)

4. Il a regardé si toutes les lumières étaient éteintes avant de .... (sortir)

5. Après ...., elle s'est maquillée. (s'habiller)

6. Il faut regarder de chaque côté avant de .... la rue. (traverser)

7. Il s'est reposé après .... (déjeuner)

8. Il pourra aller jouer après ...., son goûter. (prendre)

9. On a regardé la télé après .... un livre. (lire)

10. Après .... mon cousin, j'ai parlé avec la voisine. (rencontrer)

11. Elles se sont coiffées après .... (se doucher)

12. Avant de .... les exercices, il faut étudier la leçon. (faire)

13. Il faut essayer un vêtement avant de le .... (acheter)

14. Vous devez avoir fini de manger avant de .... de table. (se lever)

15. Après .... à la banque, Caroline est rentrée. (aller)

16. Nous prenons une douche avant de .... (se coucher)

17. Il a appelé ses amis après .... ses devoirs. (faire)

18. Après .... par l'ascenseur, ils se sont sentis mal. (descendre)

19. Elle avait mal à la tête après .... par terre. (tomber)

20. Il nous a prévenus avant de .... en voyage. (partir)

21. Regardez si vous avez la bonne adresse avant de nous .... une carte postale. (envoyer)

22. Elle a regardé s'il y avait quelque chose sur la chaise avant de .... (s'asseoir)

23. Après .... les dents, ils se sont couchés. (se brosser)

24. Finis tes devoirs avant de .... ! (s'amuser)

25. Elles sont enfin arrivées après .... en ville. (se perdre)

29. La cause, la conséquence, l'opposition

La cause : *parce que, car, à cause de + nom, grâce à + nom,*
La conséquence : *si / tellement + adjectif / adverbe + que, tellement de + nom,*
                  verbe + tellement + que, donc, alors, c'est pourquoi, c'est pour ça que
L'opposition : *contrairement à, même si, mais, pourtant*

Complétez avec une de ces expressions.

1. .... lui, je ne suis pas allé à l'anniversaire de Marie.

2. On aime bien les bars .... on peut y rencontrer des gens.

3. Elle travaille .... elle n'a plus le temps de sortir avec ses amis.

4. Son chef était insupportable, ... il a changé d'entreprise.

5. Les revues sont .... chères .... je n'en achète plus jamais.

6. .... j'adore les glaces, je n'en mange plus : je suis au régime !

7. .... ma soeur, je parle plusieurs langues. Elle, elle n'en parle qu'une.

8. Il déteste les légumes, ... il en mange !

9. Tu as .... livres .... tu ne sais plus où les mettre.

10. On adore le camping, ... on va acheter une caravane.

11. J'ai réussi à tous mes examens .... mes amis qui m'ont beaucoup aidé.

12. On habite dans cette ville .... c'est ici qu'il y a les meilleures plages.

13. Il invite toujours sa cousine le dimanche, ... il ne la supporte pas.

14. C'est .... ce mauvais temps que nous sommes restés là.

15. Ma nièce bavarde .... mon neveu qui est très silencieux.

16. Vous êtes .... occupés .... vous ne venez plus nous voir.

17. Elle n'avait plus d'argent, ... elle a vendu une de ses voitures.

18. La situation est insupportable ; le gouvernement a .... décidé d'intervenir.

19. Le matin elle est longue à se préparer, ..., elle se lève très tôt.

20. .... tu n'aimes pas ce plat, tu dois faire comme tout le monde !

21. On a .... mangé .... on a mal au ventre.

22. Il s'intéresse à l'art, ... il ne va jamais dans les musées.

23. Ma mère a .... vêtements .... elle ne sait plus quoi porter.

24. Il était en retard, il est .... parti à toute vitesse.

25. On ne va pas partir en vacances .... tes mauvais résultats au lycée.

26. Nous allons dans les grands magasins .... on y trouve de tout.

27. Cette fille a pu aller en Afrique .... ses parents.

28. Le voisin avait .... bu .... il ne pouvait plus marcher.

29. Elle nous envoie toujours une carte postale .... elle déteste écrire.

30. Il y a .... plantes dans ce jardin .... on ne sait plus lesquelles regarder.

30. Vocabulaire

Complétez.

A. Les présentations, la famille

1. Il a quatre-vingt-dix ans. C'est une personne ....

2. Voilà ma soeur Julie et mon .... Paul.

3. Vous avez quel ………………..?   - Moi, j'ai vingt ans.

4. Mes parents se sont séparés il y a dix ans ; maintenant ils sont ....

5. Être jeune, c'est une chance ; la .... est la plus belle époque de la vie.

6. La soeur de ma mère est ma ....

7. La fille de mon oncle est ma ....

8. Il a quinze ans ; c'est un .... Il est d'humeur instable.

9. Un de mes amis s'est marié hier ; c'était un beau ....

10. Pierre n'est pas encore marié ; il est ....

11. Sophie a eu dix-huit ; maintenant elle est ....

12. Je suis né le 12 juin 1989. Et vous, quelle est votre .... ?

13. Nous sommes français. Et vous, quelle est votre .... ?

14. Ils ne sont pas de ce pays ; ils sont ....

B. La description d'une personne

15. Elle s'habille toujours à la mode, elle a un style ....

16. Ce garçon n'a aucune éducation ; il est mal ....

17. Tu parles beaucoup ; tu es .... !

18. Cette fille est très sympa ; elle est très ....

19. Le week-end, je m'habille de manière .... pour me sentir bien.

20. Regarde cette mère et sa fille ; elles se .... beaucoup.

21. Cet homme n'est pas un homme bon ; il est ....

22. Elle porte des chaussettes avec un maillot de bain ; elle est mal ....

23. Nous ne sommes pas riches ; nous sommes ....

24. Il aime beaucoup .... des vêtements classiques.

25. Mon neveu est amusant et il nous fait rire ; il est ....

26. Je ne m'amuse pas avec mes amis ; ils sont ....

27. Elle aime les chaussures à .... hauts.

28. Les nouveaux voisins sont étranges : ils sont .... !

29. Regarde cette femme ! Elle a toujours des vêtements très jolis ; elle est très ....

C. *L'école, l'éducation*

30. En France, après le collège, les jeunes vont au ....

31. À partir du collège, les élèves étudient différentes .... avec différents professeurs.

32. Quand on étudie, il faut .... des examens à différentes époques.

33. L'idéal, c'est de .... ces examens pour aller dans le cours supérieur.

34. Si on a de mauvaises notes aux examens, on .... aux examens.

35. Malheureusement, si c'est le cas, il faut .... une classe.

36. On va à l'université pour faire des .... supérieures.

37. On étudie pour avoir des .... ; c'est la justification de nos mérites.

38. On dit « aller à l'université » ou « aller à la .... ».

39. Les classes ou les .... commencent en septembre ou en octobre.

40. Il veut être médecin alors c'est un étudiant ....

D. *Le travail, la vie active*

41. Si on a perdu son travail, on est au ....

42. Les personnes qui travaillent avec nous sont nos .... de travail.

43. Que faites-vous dans la vie ? = Quelle est votre .... ?

44. Il a trouvé un autre travail = Il a trouvé un autre ....

45. Il ne voulait pas étudier alors il a appris un .... chez un patron.

46. On travaille pour gagner de l'argent ; pour gagner un ....

47. Quand on arrive à soixante ans, on commence à penser à la ....

48. Il a travaillé pendant quarante-cinq ans ; il a une longue .... professionnelle derrière lui.

49. Quand on a fini d'étudier, on peut faire un .... en entreprise pour apprendre à travailler.

50. On a des vacances ou des ....

51. Elle ne travaille pas à temps complet ; elle travaille à ....

52. Aujourd'hui, les travailleurs sont souvent .... et ne prennent pas le temps de vivre.

E. Les voyages, les vacances et les loisirs

53. Votre .... en Suisse s'est bien passé ?   - Oui, ç'a été un superbe voyage.

54. Les Français adorent déjeuner à la campagne ; ils aiment le .... - ....

55. À la plage, on se met au soleil pour ....

56. C'est agréable de faire des .... en ville, à la campagne... : on marche et on visite.

57. On a voulu faire du ski mais il n'y avait pas assez de .... ; alors on a fait des excursions.

58. Pour être sûr d'avoir une chambre à l'hôtel, il faut faire une ....

59. Pour traverser la mer, on prend le ....

60. Il .... beaucoup pour bien jouer au football.

61. J'aime marcher ; j'aime aller à ....

62. Tu n'aimes pas te déplacer avec les transports .... ; tu préfères ta voiture.

63. Je prens l'avion demain ; mon .... est à quinze heures.

64. Il aime ne rien faire pendant ses vacances ; il se .... dans le canapé.

65. Si je vais en train, je prends toujours un billet aller - .... ; c'est moins cher !

F. La santé, les habitudes alimentaires

66. Cet homme ne va jamais bien ; je crois qu'il a une .... grave.

67. Il a grossi = Il a pris du ....

68. Le 1ᵉʳ Janvier, je prends toujours de nouvelles .... mais je les oublie vite !

69. Elle ne s'hydrate pas assez ; elle souffre d'un .... d'hydratation.

70. La mort du voisin m'a touché = Le .... du voisin m'a touché.

71. Tu dois .... de fumer car c'est très mauvais pour la santé !

72. Je vais prendre une aspirine car j'ai .... à la tête.

73. Je mange peu en ce moment ; je n'ai pas beaucoup d' ....

74. J'aime les yaourts, les crèmes, les fromages : j'adore les produits ....

75. Dans ce restaurant, le pain est à .... : on mange tout ce qu'on veut pour le même prix.

76. Tu ne prends jamais le menu ; tu préfères manger à la ....

77. Ils mangent beaucoup de pâtes ; leur .... de pâtes a vraiment augmenté.

78. Comme entrée, il a pris une salade et comme plat .... un poisson.

79. Généralement on laisse un .... au serveur si on est content du service.

G. La ville, la campagne, le logement

80. Tu n'aimes pas le centre-ville, tu préfères habiter dans la ....

81. À Paris, j'adore le .... latin avec tous ses artistes.

82. Je n'irai jamais habiter en ville ; j'adore mon petit .... à la campagne.

83. Ici, il n'y a plus personne ; la .... a beaucoup diminué. Les gens sont partis.

84. En ville, il y a beaucoup de .... à cause du bruit, des transports. Les bâtiments sont gris.

85. Pour moi, à la campagne, la .... de vie est supérieure. On vit mieux.

86. Il n'a pas de maison à lui donc il loue un appartement et il paie un ....

87. On va changer de maison ; on va ....

88. Ce n'est pas un immeuble récent ; il est ....

89. Le propriétaire de ce studio n'est pas content car le .... ne paie pas régulièrement.

90. Ces maisons sont loin de la ville ; elles sont trop ....

91. Dans mon immeuble, tous les logements ont une grande .... bien fleurie.

92. En ville, on a l'hôtel de ville. Au village, on a la ....

H. Internet et les nouvelles technologies, les médias et la communication

93. Quand je suis devant mon ordinateur, je lis sur l' ....

94. Quelqu'un qui consulte régulièrement sur Internet est un ....

95. J'aime beaucoup .... des informations d'Internet afin de les garder.

96. Mon ami adore .... sur Internet ; il y passe des heures.

97. Pour entrer sur un site intéressant, il faut .... une ou deux fois.

98. Je regarde s'il y a des messages sur la .... de mon portable.

99. Elle est .... à cette revue et elle la reçoit chaque semaine.

100. Au kiosque, on regarde toujours la .... des magazines.

101. Une revue qui paraît toutes les semaines s'appelle un ....

102. Pour connaître l'actualité, j'aime lire la .... Je n'aime ni la radio ni la télé.

103. Ma soeur lit énormément ; c'est une grande ....

104. En voiture, si je veux parler au téléphone, j'utilise le kit ....

105. Si je ne décroche pas le téléphone, le .... se met en route.

106. Quand la conversation est fine, je .... le téléphone.

107. Ce soir, je vais t'envoyer un SMS ou un ....

108. Si je veux être tranquille, je préfère .... le téléphone.

109. Sophie m'a appelé et je n'ai pas entendu le téléphone alors je vais la ....

I.   *La société*

110. Tout le monde aspire à être heureux mais c'est difficile de trouver le ....

111. Beaucoup de gens vivent seuls et supportent difficilement la ....

112. Aujourd'hui, on ne respecte rien ni personne ; on a perdu toutes les ....

113. Certaines personnes aident les autres bénévolement et font partie d'une ....

114. D'autres font des .... sous forme d'argent afin d'aider les plus démunis.

115. Il y a beaucoup de pauvres, c'est pourquoi on lutte contre la ....

116. La .... est parfois impossible car chacun fait ce qu'il veut sans penser
     aux autres.

117. Les gens sont moins .... qu'avant. Ils s'unissent moins pour revendiquer.

118. Quelques personnes font de la dépression ; elles ....

119. Il faut savoir apprécier les petits .... de la vie pour être heureux.

120. Les travailleurs revendiquent parfois, ils ne vont pas travailler et font ....

Notes :

....

....

....

....

....

....

....

....

....

....

....

....

....

....

....

....

1. Les trois types de question

1. Est-ce que tu vas à l'école ? Vas-tu à l'école ?
2. Est-ce que vous mangez ces fruits ? Mangez-vous ces fruits ?
3. Est-ce que tu as a fait tes devoirs ? As-tu fait tes devoirs ?
4. Est-ce que nous allons partir en Suisse ? Allons-nous partir en Suisse ?
5. Est-ce qu'il va en France ? Va-t-il en France ?
6. Est-ce qu'elle écoute de la musique ? Écoute-t-elle de la musique ?
7. Est-ce qu'il a fait la vaisselle ? A-t-il fait la vaisselle ?
8. Est-ce qu'elle a bu de la bière ? A-t-elle bu de la bière ?
9. Est-ce qu'il va voyager à l'étranger ? Va-t-il voyager à l'étranger ?
10. Est-ce qu'Annie est malade ? Annie est-elle malade ?
11. Est-ce que les enfants vont sortir seuls ? Les enfants vont-ils sortir seuls ?
12. Est-ce que Paul est revenu hier ? Paul est-il revenu hier ?
13. Est-ce que ton cousin est au chômage ? Ton cousin est-il au chômage ?
14. Est-ce que le médecin va passer ? Le médecin va-t-il passer ?

15. Comment est-ce qu'il est venu ? Comment est-il venu ?
    Il est venu comment ?
16. Quand est ce que tu commences à travailler ? Quand commences-tu à travailler ? Tu commences à travailler quand ?
17. Pourquoi est-ce qu'il ne parle plus ? Pourquoi ne parle-t-il plus ? Il ne parle plus pourquoi ?
18. Avec qui est-ce que tu pars en vacances ? Avec qui pars-tu en vacances ? Tu pars en vacances avec qui ?
19. Qui est-ce que tu as vu ? Qui as-tu vu ? Tu as vu qui ?
20. Qu'as-tu fait ? Tu as fait quoi ?

21. Est-ce qu'ils vont t'accompagner ? Vont-ils t'accompagner ?
22. Est-ce que ta mère va m'appeler ? Ta mère va m'appeler ?
23. Qu'a-t-il dit ? Il a dit quoi ?
24. Est-ce qu'ils ont fini leur travail ? Ils ont fini leur travail ?
25. Pourquoi est-ce que Rémi est malade ? Pourquoi Rémi est malade ?
    Rémi est malade pourquoi ?
26. Est-ce que le directeur t'a convoqué ? Le directeur t'a-t-il convoqué ?
27. Tu as perdu de l'argent ? As-tu perdu de l'argent ?
28. Où est-ce qu'ils sont partis ? Où ils sont partis ? Ils sont partis où ?
29. Pierre a acheté une maison ? Pierre a-t-il acheté une maison ?
30. Est-ce qu'elles aiment les animaux ? Aiment-elles les animaux ?
31. Qu'est-ce qu'on fera sans elle ? On fera quoi sans elle ?

32. Où tu es allé en mon absence ?   Où est-ce que tu es allé en mon absence ?
     Tu es allé où en mon absence ?
33. Est ce que la secrétaire a été dans ton bureau ?   La secrétaire a-t-elle été
     dans ton bureau ?
34. Est-ce que l'appartement est vendu ?   L'appartement est-il vendu ?
35. Est-ce qu'Annie préfère rester ici ?   Annie préfère-t-elle rester ici ?
36. Qu'est-ce qu'on mange ce soir ?   Que mange-t-on ce soir ?
37. Qui est-ce qui t'a téléphoné ?
38. La mer est calme ?   La mer est-elle calme ?
39. Est-ce que les bureaux sont déjà fermés ?   Les bureaux sont-ils déjà fermés ?
40. Est-ce que l'hôtel est complet ?   L'hôtel est-il complet ?
41. Qu'es-tu en train de faire ?   Tu es en train de faire quoi ?
42. Est-ce que ton chien t'a échappé ?   Ton chien t'a-t-il échappé ?
43. Est-ce que vous allez à la gare ?   Allez-vous à la gare ?
44. Est-ce qu'on lira cet article ?   Lira-t-on cet article ?
45. Qu'est-ce que tu as inventé ?   Tu as inventé quoi ?

2. Les articles
(définis, indéfinis, partitifs, contractés)

A.
(1) des	(6) d'	(11) des
(2) des	(7) une	(12) de l'
(3) les	(8) des	(13) d'
(4) de	(9) de la	(14) un
(5) de	(10) les	(15) du
		(16) un

B.
(17) des	(22) de la	(27) de la
(18) de la	(23) du	(28) de l'
(19) du	(24) de	(29) d'
(20) de la	(25) les	(30) de
(21) le	(26) aux	

C.
(31) un / du	(35) de	(39) du
(32) de la	(36) des	(40) le
(33) du	(37) de	(41) le
(34) des	(38) le	(42) d'

D.
(43) de l'	(51) de	(59) une
(44) d'	(52) une	(60) de

(45) du	(53) du	(61) du
(46) de	(54) des	(62) de
(47) des	(55) des	(63) de
(48) un	(56) une	(64) un
(49) de	(57) un	(65) une / de la
(50) de	(58) des	(66) des
		(67) une

E.

(68) du	(69) du	(70) de la	(71) de
(72) de	(73) de	(74) des	(75) de l'
(76) de	(77) de la	(78) de	(79) des
(80) d'	(81) du	(82) du	(83) de l'
(84) des	(85) les	(86) les	(87) le
(88) les	(89) de la	(90) le	(91) un
(92) un	(93) le	(94) Le	(95) /
(96) une	(97) le	(98) la	(99) le
(100) la	(101) l'	(102) des	(103) un
(104) une	(105) le	(106) de la	(107) du
(108) un	(109) les	(110) de l'	(111) au
(112) de la	(113) la	(114) des	(115) au
(116) de la	(117) des	(118) de la	(119) du
(120) de la			

3. Le présent de l'indicatif

1.
a. faites	n. prends
b. ne pars pas	o. attendons
c. sais	p. ouvrent
d. peuvent	q. mettez
e. sort	r. ne connaissent pas
f. n'avons pas	s. vont
g. lis	t. ne veux pas
h. J'ouvre	u. comprenons
i. n'êtes pas	v. ne s'appellent pas
j. viennent	w. finit
k. ne dort pas	x. choisissez
l. écrivons	y. jette
m. perds	z. commençons

2.
1. préfères	préférez
2. vais	allons
3. donne	donnent
4. apprends	apprenez

5. comprend	comprennent
6. vient	venons
7. connais	connaissez
8. bois	buvons
9. sort	sortent
10. paies/payes	payez
11. dors	dormons
12. veux	voulez
13. a	avons
14. finit	finissent
15. conduis	conduisons
16. dis	dites
17. sait	savent
18. dois	devez
19. crois	croyons
20. manges	mangeons
21. voit	voyez
22. j'ouvre	ouvrons
23. oublies	oubliez
24. offre	offrent
25. réponds	répondons

4. Le passé récent, le présent continu, le futur proche

A.   a. Nous venons de terminer le travail.
b. Il vient d'aller chez lui.
c. Vous venez de sortir.
d. Tu viens de faire ta valise.
e. Ils viennent de se laver les cheveux.

B.   f. Nous sommes en train de boire un verre.
g. Il est en train de faire les lits.
h. Vous êtes en train d'éteindre la lumière.
i. Tu es en train de prendre une douche.
j. Ils sont en train de fermer les fenêtres.

C.   k. Nous allons nettoyer le salon.
l. Il va lire un livre.
m. Vous allez écrire une lettre.
n. Tu vas te lever.
o. Ils ne vont pas partir.

D. p. Je viens de conduire ma voiture.
q. Nous sommes en train d'acheter le journal.
r. Il ne va pas danser ce soir.
s. Vous ne venez pas de vous réveiller.
t. Tu es en train de faire la sieste.
u. Ils vont jouer de la guitare.
v. Je ne viens pas de cuisiner.
w. Nous ne sommes pas en train de nous disputer.
x. Il va dormir à l'hôtel.
y. Vous venez de courir.
z. Tu es en train de mettre la table.

E. 1. Il vient de regarder la télé. Il est en train de dîner. Il va se coucher.
2. Nous venons de faire du sport. Nous sommes en train de nous doucher. Nous allons sortir ce soir.
3. Les voisins viennent de vendre leur vieille voiture. Ils sont en train d'en choisir une autre. Ils vont acheter un nouveau modèle.
4. Je viens de me lever. Je suis en train de prendre mon petit-déjeuner. Je vais sortir aller faire les courses.
5. Vous venez de prendre des vacances. Vous êtes en train de faire vos bagages. Vous allez partir loin de chez vous.

5. Les prépositions de lieu

1. de	à	31. d'	en
2. de	à	32. en	au
3. du	en	33. à	au
4. du	au	34. du	en
5. en	en	35. au	du
6. aux	en	36. de chez	à la
7. d'	en	37. à la	de la
8. au	à l'	38. à la	à la
9. au	au	39. en	au
10. des	au	40. chez	chez
11. de la	à la	41. de la	à la
12. chez	à l'	42. de chez	à l'
13. des	en	43. à la	du
14. de chez	chez le	44. d'	à
15. du	à la	45. de	en
16. au	au	46. de l'	au
17. du	à	47. dans la	au

18. de	en		48. du	à la
19. au	à		49. à la	du
20. de	en		50. à	de
21. à	à		51. de chez	à la
22. à la	au		52. de l'	à la
23. de l'	au		53. des	au
24. chez	chez		54. en	des
25. d'	au		55. chez	du
26. du	au		56. au	à la
27. à	à		57. à la	du
28. chez	de chez		58. en	au
29. à la	chez		59. au	au
30. de	au		60. du	chez

6. Les adjectifs qualificatifs

1. … une bonne musique	31. … des histoires drôles
2. … des musées passionnants	32. … une employée fatiguée
3. … des femmes amusantes	33. … des loisirs culturels
4. … des gâteaux délicieux	34. … des amis sincères
5. … les cheveux blonds	35. … des personnes polies
6. … un professeur intelligent	36. … des garçons minces
7. … un vieil ordinateur	37. … une femme passionnée
8. … de beaux appartements	38. … un chef satisfait
9. … une fille gentille	39. … des jeunes filles idiotes
10. … des fromages français	40. … une veste moche
11. … le ciel bleu	41. … les appareils modernes
12. … un employé américain	42. … la barbe rousse
13. … deux gros paquets	43. … des journaux internationaux
14. … une couleur naturelle	44. … les choses minutieuses
15. … un film intéressant	45. … trois frères égoïstes
16. … la première fois	46. … les hommes bruns
17. … les douches froides	47. … des recherches superficielles
18. … des femmes sportives	48. … une étudiante cultivée
19. … une grande maison	49. … une vendeuse menteuse
20. … une salade verte	50. … les olives noires
21. … les glaces italiennes	51. … les voitures jaunes
22. … sa petite soeur	52. … de jolis dessins
23. … deux individus spéciaux	53. … une belle journée
24. … des vêtements chinois	54. … des activités manuelles
25. … une sauce blanche	55. … deux écrivains marocains
26. … un air sérieux	56. … des voisins jaloux

27.	... des excursions gratuites	57.	... tes nouveaux pantalons
28.	... des idées originales	58.	... mes chanteurs préférés
29.	... le nouvel étudiant	59.	... des actrices orgueilleuses
30.	... la musique grecque	60.	... une valise légère

7. Les pronoms relatifs

A.

1. que	11. qu'
2. qui	12. que
3. qui	13. qui
4. que	14. qui
5. que	15. qui
6. que	16. que
7. qui	17. qui
8. qui	18. qui
9. qui	19. qu'
10. qui	20. qui

B.

21. dont	31. où
22. où	32. dont
23. où	33. dont
24. dont	34. où
25. dont	35. dont
26. dont	36. où
27. où	37. dont
28. dont	38. où
29. où	39. où
30. où	40. dont

C. 41-a, 42-d, 43-b, 44-c, 45-f, 46-g, 47-e, 48-j, 49-i, 50-h.

D.

51. ... que je connais a trois voitures.
52. ... où on vit est très pauvre.
53. ... dont le père est marin.
54. ... une voiture qui ne me plaît pas.
55. ... dont tu as besoin sont sur la table.
56. ... d'une glace qui est au chocolat.
57. ... trois hommes qu'elle m'avait présentés à son mariage.
58. ... le CD dont je vous ai beaucoup parlé.

8. Les adjectifs et les pronoms démonstratifs

1.   a. ce, cette, ces
      b. cet, ce
      c. Cette, ces
      d. Cette, ce
      e. ces, ces

2.   2. ... je préfère celui-ci, je le trouve plus...
      3. ... je préfère celles-ci, je les trouve plus...
      4. ... je préfère celui-ci, je le trouve plus...
      5. ... je préfère ceux-ci, je les trouve plus...
      6. ... je préfère celle-ci, je la trouve plus...

3.   7. Lequel ? Celui-ci/là ?
      8. Laquelle ? Celle-ci/là ?
      9. Lequel ? Celui-ci/là ?
      10. Lesquelles ? Celles-ci/là ?
      11. Lesquels ? Ceux-ci/là ?

4.   12. ceux qu'   23. celui qui
      13. ceux qui   24. celle que
      14. celles qui   25. celles que
      15. ceux de   26. celui de
      16. celles qu'   27. celui qui
      17. celles de   28. celles de
      18. celles qui   29. celle qui
      19. ceux qu'   30. celui qui
      20. celui que/ceux que 31. ceux que
      21. celle qui   32. celle de
      22. celle de   33. celle qui

5.   34. ce..., ... celui-là
      35. cette..., ... celle-là
      36. ces..., ... celles-là
      37. ce..., ...celui-là
      38. Ces..., ... ceux-là
      39. ce..., ... celui-là
      40. cette..., ... celle-là
      41. ces..., ... ceux-là
      42. cette..., ... celle-là
      43. ce..., ... celui-là
      44. ce..., ... celui-là

6. 45. Je voudrais cette cassette et celle-ci / celle-là.
   46. Je voudrais ces cartes postales et celles-ci / celles-là.
   47. Je voudrais ce stylo et celui-ci / celui-là.
   48. Je voudrais ces dossiers et ceux-ci / ceux-là.
   49. Je voudrais cet ordinateur et celui-ci / celui-là.
   50. Je voudrais cette armoire et celle-ci / celle-là.

9. Les adjectifs et les pronoms interrogatifs

A.

1	Quel	2.	Lequel
3.	quels	4.	lesquels
5.	Quel	6.	Lequel
7.	Quelle	8.	Laquelle
9.	quels	10.	lesquels
11.	quelle	12.	laquelle
13.	quelle	14.	laquelle
15.	quel	16.	lequel
17.	quelles	18.	Lesquelles
19.	quels	20.	lesquels
21.	Quel	22.	Lequel
23.	quelles	24.	lesquelles
25.	Quelle	26.	Laquelle
27.	Quels	28.	Lesquels
29.	quelles	30.	lesquelles

B.

31.	Lequel	41.	quelles
32.	Quels	42.	Laquelle
33.	laquelle	43.	Quel
34.	Lesquels	44.	Lequel
35.	Quelle	45.	Quelles
36.	Lesquelles	46.	Laquelle
37.	quel	47.	laquelle
38.	lesquels	48.	Lesquelles
39.	Lesquels	49.	Quelle
40.	Quels	50.	Lequel

10. Les adjectifs et les pronoms possessifs

A.

1. mon – mon – mes
2. sa – son – sa – ses
3. leur – leurs – leur – leurs
4. mon – ma
5. ta – ton
6. son – sa
7. ma – Mon
8. ses – ses
9. ta – ton
10. leur – leurs
11. son – son – ses
12. leur – leurs – leurs
13. vos – votre – vos – votre
14. nos – notre – notre

B.

15. les siennes
16. la mienne
17. des leurs
18. la mienne
19. le mien
20. la nôtre

21. la vôtre – la nôtre
22. le tien
23. la leur
24. Le vôtre
25. la tienne
26. la sienne
27. les nôtres / les miens
28. les leurs
29. la mienne
30. la sienne

31. les miens
32. la sienne
33. les leurs

34. Oui, c'est son chat / Oui, c'est le sien.
35. Oui, c'est sa moto / Oui, c'est la sienne.
36. Oui, ce sont (c'est) ses photos.
    Oui, ce sont (c'est) les siennes.
37. Oui, c'est leur maison. / Oui, c'est la leur.
38. Oui, ce sont (c'est) mes affaires.
    Oui, ce sont (c'est) les miennes.
39. Oui, ce sont (c'est) leurs vélos.
    Oui, ce sont (c'est) les leurs.
40. Oui, ce sont (c'est) nos/mes tableaux.
    Oui, ce sont (c'est) les nôtres/les miens.

11. Le passé composé

1.   ***A.***
- a. ont mangé
- b. n'avons pas fini
- c. as voulu
- d. a dansé
- e. n'avez pas pu
- f. n'ai pas fait
- g. n'a pas compris
- h. avons su
- i. ai achetées
- j. a invités
- k. as vue
- l. avons connu

B.

- a. sont partis
- b. n'est pas entrée
- c. est revenue
- d. ne sommes pas monté(e)s
- e. ne sont pas devenus
- f. est descendu
- g. ne sont pas mortes
- h. avez passé
- i. n'ont pas descendu
- j. a sorti
- k. s'est coiffée
- l. ne se sont pas levés
- m. se sont douchés
- n. ne s'est pas rasé
- o. s'est souvenue
- p. ne se sont pas couchées
- q. se sont lavé
- r. ne s'est pas maquillé
- s. nous sommes acheté
- t. ne se sont pas offert

2.

1. j'ai été
2. avez fait
3. j'ai travaillé
4. sont venus
5. avez dû
6. sommes tombé(e)s
7. ont su
8. a étudié
9. suis resté(e)
10. a découvert
11. as eu
12. ont parlé
13. as acheté
14. a pu
15. ont voulu
16. a connu
17. vous êtes levé(e)(s)
18. sommes mort(e)s
19. s'est habillé
20. ont menti
21. sommes allé(e)s
22. a habité
23. ont trouvé
24. j'ai pris
25. est sortie
26. as vécu
27. sont nés
28. sont sortis
29. as choisi
30. avez vu

3.

1. a conduit
2. n'ai pas compris
3. avons dit
4. as découvert
5. se sont assis
6. est devenue
7. n'avez pas bu
8. sont allées
9. n'ai pas descendu
10. a fini

11. n'ai pas vendu
12. avez rencontré
13. avons appelée
14. a plu
15. n'as pas lu
16. ont reçu
17. ne sont pas sortis
18. a promis
19. n'avons pas entendu
20. a ri

21. ne se sont pas désinfecté
22. est tombé
23. n'avez pas écouté
24. ne nous sommes pas couché(e)s
25. J'ai fait
26. ont pris
27. n'as pas mis
28. est partie
29. s'est reposée
30. avons reçues

31. ont choisi
32. est né
33. n'as pas payé
34. a ouvert
35. avons couru
36. a passé
37. ont été
38. ne sont pas montés
39. a descendu
40. avez perdu

41. n'ai pas eu
42. ai vues
43. n'as pas cru
44. est restée
45. se sont promenés
46. n'avons pas vécu
47. J'ai suivi
48. ne sont pas passées
49. n'ont pas dormi
50. a fallu

51. a offert
52. a sauté
53. ne se sont pas habillées
54. ne l'ai pas apprise
55. t'es réveillé(e)

12. L'imparfait

1.

1. avais
2. sortait
3. attendaient
4. faisais
5. voyagiez
6. allaient
7. connaissais

11. buviez
12. finissais
13. voulions
14. mentais
15. prenait
16. riions
17. pouvais

8. payait
9. étudiiez
10. mettais

18. savaient
19. mangions
20. étaient

21. portais
22. choisissait
23. venaient
24. apprenais
25. deviez
26. nous mariions
27. pleuvait
28. partagions
29. employiez
30. sortaient

31. nous levions
32. dormiez
33. ressemblais
34. nous amusions
35. fallait
36. grossissaient
37. voyais
38. aimiez
39. revenais
40. partait

2.   41. regardait
42. était assis
43. ne parlait pas
44. adorait
45. cuisinait
46. ne le voyait pas
47. savait
48. pouvait
49. avait
50. offrait

51. venait
52. pouvait
53. était
54. n'osait pas
55. portait
56. réfléchissait

13. Passé composé ou imparfait ?

A. 1- était
4- restaient
7- pouvaient
10- C'était
13- dormaient
16- est sortie
19- travaillaient
22- vendait
25- a vu
28- était
31- est venue
34- s'est excusée

2- passait
5- faisait
8- s'est réveillée
11- voulait
14- s'est habillée
17- s'est dirigée
20- mettaient
23- a commencé
26- s'est assise
29- adorait
32- a dit
35- est partie

3- avaient
6- soufflait
9- s'est levée
12- s'installaient
15- a pris
18- bavardaient
21- s'est approchée
24- avait
27- a caressés
30- savait
33- ne fallait pas
36- désirait

37- est arrivée
38- cherchaient
39- s'est mise
40- se sont regardés
41- se sont fâchés
42- a été
43- devait
44- ne pouvait pas

B. 45- se sont couchés
46- avaient
47- se sont douchés
48- ont dîné
49- ont lu
50- ont fait
51- c'était
52- ont pris
53- sont partis
54- n'avaient pas
55- ne leur plaisait pas
56- préféraient
57- appelait
58- allaient
59- ont pensé
60- les ont appelés
61- ont promis
62- était
63- pensait
64- a décollé
65- se sont endormis
66- attendait

C. 67- avons rencontré
68- était
69- portait
70- a accompagnés
71- nous sommes promenés
72- bavardait
73- l'a attaquée
74- a volé
75- l'a poussée
76- est tombée
77- n'a rien pu
78- s'est enfui
79- a prévenu
80- sont arrivés
81- avons eu
82- a été emmenée
83- sommes rentrés

D. 84- j'étais
85- m'ont téléphoné
86- m'ont invitée
87- faisait
88- j'ai pris
89- J'ai sonné
90- m'ont demandé
91- suis montée
92- était
93- finissaient
94- m'attendaient
95- a voulu
96- a fait
97- s'est coupée
98- l'avons accompagnée
99- avons nettoyé
100- avons mis
101- avons mangé
102- était
103- sommes sorties
104- a dit
105- faisait
106- avons remonté
107- l'avons reconduite
108- a décidé
109- a vu
110- a passé

E. 111- a descendu
112- a compris
113- devait
114- est descendu
115- se reposait
116- est resté
117- a discuté
118- a voulu
119- ne l'a pas entendu
120- avait
121- écoutait
122- n'a pas pu
123- a dû
124- s'est levée
125- a ouvert
126- était

14. Le futur simple

1. a. parleras
    b. n'inviterons pas
    c. vous habillerez
    d. ne se réveilleront pas
    e. finiras
    f. réussirez
    g. ne prendra pas
    h. écriront
    i. ne permettrai pas
    j. partirons
    k. ne sortiras pas

2. 1. serons
    2. apprendras
    3. travaillerai
    4. liront
    5. aurez
    6. boira
    7. appellerons
    8. iras
    9. fera
    10. danserai
    11. prendrez
    12. nettoieront
    13. finirons
    14. n'écrira pas
    15. devras
    16. faudra
    17. changera
    18. choisirez
    19. recevras
    20. ne grandiront plus
    21. éteindras
    22. ne courrons pas
    23. tomberont
    24. ne lira pas
    25. jetterai
    26. ne pleuvra pas
    27. conduirez
    28. porterai
    29. passeront
    30. apporteras
    31. vivrons
    32. vous arrêterez
    33. joindrai
    34. s'assiéra / s'assoira
    35. ne servirez pas
    36. partiras
    37. me lèverai
    38. ne viendront pas
    39. n'apprendrons plus
    40. chantera
    41. ne paierai pas / ne payerai pas
    42. pourrez
    43. sortirons, s'arrêtera
    44. mettras
    45. arriverez, repasserez
    46. mangeras, sera
    47. sauras
    48. sentirez, irez
    49. durera
    50. connaîtront
    51. viendras
    52. répondras, auras
    53. irez
    54. sauront, iront
    55. fera, pourra
    56. appellerai, verrai
    57. travaillerez, lirons
    58. achèterons, seras
    59. boiront, dormirons
    60. ne pleuvra pas

15. Le conditionnel présent

1. 1. Tu chanterais
    2. Vous ne finiriez pas
    3. Il mettrait
    4. Ils ne boiraient pas
    5. Nous appellerions
    6. Je ne paierais pas / Je ne payerais pas

    7. Il apprendrait
    8. Ils ne liraient pas
    9. Nous lui écririons
    10. Tu n'entendrais pas
    11. J'aurais
    12. Vous ne sauriez pas
    13. Ils devraient
    14. Tu ne voudrais pas
    15. Nous pourrions
    16. Il ne viendrait pas
    17. Je ferais
    18. Ils ne se doucheraient pas
    19. Tu serais
    20. Vous ne vous coifferiez pas

2. 21. ... apprenez, ... aurez...   ... appreniez, ... auriez
    22. ... veulent, ... pourront   ... voulaient, ... pourraient
    23. ... vois, ... dirai   ... voyais, ... dirais
    24. ... savent, ... feront   ... savaient, ... feraient
    25. ... t'assieds / t'assois, ... prendras   ... t'asseyais / t'assoyais, ... prendrais
    26. ... dormons, ... serons   ... dormions, ... serions
    27. ... connais, ... conduiras   ... connaissais, ... conduirais
    28. ... plaît, ... offrirai   ... plaisait, ... offrirais
    29. ... disent, ... auront   ... disaient, ... auraient
    30. ... bois, ... ne conduiras pas   ... buvais, ... ne conduirais pas
    31. ... se moque, ... ne lui parlerai plus   ... se moquait, ... ne lui parlerais plus
    32. ... finissons, ... partirons   ... finissions, ... partirions
    33. ... j'ai, ... voyagerai   ... j'avais, ... voyagerais
    34. ... manges, ... grossiras   ... mangeais, ... grossirais
    35. ... écrivez, ... vendrez   ... écriviez, ... vendriez
    36. ... ne veut plus, ... restera   ... ne voulait plus, ... resterait
    37. ... oublies, ... viendras   ... oubliais, ... viendrais
    38. ... n'irez pas, ... est   ... n'iriez pas, ... était
    39. ... sont, ... sortirai   ... étaient, ... sortirais
    40. ... rentrera, ... commence   ... rentrerait, ... commençait

16. *Le comparatif et le superlatif*

1.*Le comparatif :*

a.
1. plus ... que
2. aussi ... que
3. moins ... que
4. autant ... qu'
5. moins qu'
6. plus que
7. moins de ... que
8. plus de ... que
9. autant de ... que
10. autant d'... que
11. moins ... qu'
12. aussi ... qu'
13. autant que
14. moins de ... que
15. aussi ... que

b.
16. aussi
17. autant
18. autant
19. aussi
20. aussi
21. aussi
22. aussi
23. autant
24. autant
25. autant
26. aussi

c.
27. bon - bien
28. meilleure
29. bien - meilleurs
30. bien - mieux
31. bien - mieux
32. meilleurs
33. bon - meilleur
34. bien - mieux
35. bons – meilleure
36. mieux

d.
37. meilleur
38. autant
39. pire / plus mauvais
40. meilleures
41. mieux
42. mieux
43. moins de
44. pires / plus mauvais
45. meilleures
46. aussi
47. moins d'
48. pire
49. plus d'
50. mieux

2. *Le superlatif :*

a. le plus
b. le moins
c. la meilleure
d. les plus
e. la plus
f. la moins
g. Les meilleurs
h. Le mieux

i. le plus
j. la plus
k. le plus d'
l. le pire
m. les plus
n. le moins de /
    les plus mauvaises
o. le plus

p. la meilleure
q. les meilleurs
r. la moins
s. les plus
t. le moins
u. le plus de
v. la plus
w. les moins

x. le moins de
y. la plus
z. le moins d'

17. Les adjectifs et les pronoms indéfinis

A. 1. toute
3. Tous
5. tout
7. tout
9. Tous
11. tout

2. tout
4. Toute
6. toutes
8. tous
10. Toutes
12. toutes

B. 13. plusieurs
14. et 15. Certains   tous
16. et 17. tous   quelques-uns
18. Plusieurs/Certaines/Quelques
19. et 20. Certains/Quelsques-uns   les autres
21. et 22. tous   chaque
23. quelques
24. plusieurs
25. certaines/plusieurs
27. plusieurs
29. quelques-uns
31. toute
33. quelques-unes
35. toutes
37. Tous
39. Chaque

26. tous
28. chaque
30. les autres
32. plusieurs/certains
34. Chaque
36. quelques/plusieurs
38. toutes
40. Certains

18. Les adverbes

A. a. riche   riche
b. sale   sale
c. calme   calme
d. heureux   heureuse
e. simple   simple

f. poli   polie
g. large   large
h. étroit   étroite
i. joli   jolie
j. vrai   vraie

B. k. naïvement
l. follement
m. doucement
n. courageusement
o. bêtement

p. fréquemment
q. patiemment
r. abondamment
s. brillamment
t. lentement

C. 1. profondément
2. Malheureusement

12. dangereusement
13. correctement

3. proprement
4. sèchement
5. méchamment
6. rapidement
7. soigneusement
8. lentement
9. couramment
10. fréquemment
11. franchement

14. tranquillement
15. complètement
16. sûrement
17. simplement
18. doucement
19. justement
20. longuement
21. timidement

D. 22. sérieusement
23. quotidiennement
24. actuellement
25. différemment
26. facilement

27. finalement
28. seulement
29. vraiment
30. suffisamment

E. 31. bien
32. mauvaises
33. mal
34. mieux

35. bons
36. mauvais
37. meilleures

F. 38. Je ne travaille que le matin.
39. Elle n'a que 10 € à dépenser.
40. On n'ira qu'en Suisse.
41. Je n'ai besoin que de repos.
42. Il n'a vu qu'un film.
43. Ils ne gagnent que 800 € par mois.
44. Tu n'as pris qu'une entrée.
45. Je ne m'intéresse qu'aux voitures.

19. Les indicateurs de temps ou marqueurs chronologiques

1.
1. Demain
2. Hier
3. Hier
4. demain
5. Hier
6. hier
7. demain
8. demain
9. hier
10. demain

2.
11. depuis
12. il y a
13. depuis
14. depuis
15. il y a
16. Il y a
17. depuis
18. il y a
19. il y a
20. depuis

3.
21. c'était
22. il faisait
23. il y avait
24. il n'était
25. il était
26. C'était – il faisait

4.
27. Cette semaine
28. Le lundi
29. Cette nuit
30. cette nuit
31. Dimanche
32. Hier

5.
33. au milieu
34. À la fin
35. Après
36. au début
37. à la fin
38. D'abord
39. À la fin
40. après
41. pendant
42. puis
43. en
44. au moment où

45. alors
46. à un moment
47. Après
48. dans
49. en
50. à
51. ensuite
52. Pendant
53. Au moment où
54. puis
55. alors

6.
56. le matin
57. le soir
58. la nuit
59. le matin
60. l'après-midi

20. La négation

1. Tu ne pars pas encore.
2. Il n'a mis son sac nulle part.
3. Je n'ai plus vu le voisin.
4. Il ne mangera rien.
5. Tu ne manges   pas souvent / jamais   de poisson.
6. Personne n'est venu hier.
7. Tu n'iras plus dans le parc.
8. Vous n'êtes   pas souvent / jamais   allés au Japon.
9. Tu n'as pas encore acheté ici.
10. Tu ne sors avec personne.
11. Paul n'est invité nulle part.
12. Sa soeur n'est pas encore partie.
13. On ne va plus à Paris.

14. Nous ne sommes pas encore venus manger dans ce restaurant.
15. On n'a vu cet homme nulle part.
16. Je n'ai rien organisé pour son anniversaire.
17. Il n'y a plus rien à la télé.
18. L'an prochain, il n'ira   pas souvent / jamais   chez toi.
19. Elle ne veut plus sortir.
20. Personne ne va faire ce travail pour moi.
21. Il ne neige plus.
22. La boulangerie n'est plus ouverte.
23. Vous ne mangez   pas souvent / jamais   de crudités.
24. Elle ne va aller nulle part.
25. Tu ne vois   pas toujours / jamais   personne.
26. Il ne reste plus rien à boire.
27. Tu ne prends plus de bains de soleil.
28. Il n'est pas encore arrivé.
29. Il ne prend plus le bus le matin.
30. Tu n'as   pas encore / jamais   mangé de cuisses de grenouille.
31. Tu n'étais nulle part hier.
32. Paul ne veut plus de purée.
33. Caroline ne prête   pas toujours / jamais   ses affaires.
34. Vous ne changez   pas souvent / jamais   de brosse à dents.
35. Il n'a pas encore fini.
36. Tu ne veux rien à manger.
37. Tu ne vas jamais au spectacle.
38. Vous n'irez plus dans le parc.
39. Tu n'as vu de femme nulle part.
40. Tu n'as pas encore acheté l'un de nos produits.
41. Tu ne vas jamais en boîte.
42. Elle ne va rien demander.
43. Vous n'avez pas encore payé.
44. Je n'ai laissé mes clés nulle part.
45. Ils n'ont plus de chance au jeu.

21. Le gérondif

1. 1. en parlant
2. en buvant
3. en finissant
4. en apprenant
5. en voulant
6. en partageant

11. en sortant
12. en ouvrant
13. en venant
14. en dormant
15. en mettant
16. en commençant

21. en ayant
22. en étant
23. en sachant

7. en connaissant
8. en écrivant
9. en perdant
10. en partant

17. en comprenant
18. en choisissant
19. en attendant
20. en payant

2.
24. en allant (C)
25. en cherchant (M)
26. en déjeunant (S)
27. En voyageant (C)
28. en arrivant (S)
29. En réservant (M)
30. en te reposant (S-M)
31. en prenant (M)
32. en laissant (M-C)
33. en faisant (M)
34. en nous habillant (M)
35. en mangeant (S)
36. En téléphonant (C)
37. en continuant (S)
38. en lui offrant (S-M)
39. en me disant (S-M)
40. en se levant (M)

41. en donnant (M)
42. en choisissant (S)
43. en disant (C)
44. en leur expliquant (C)
45. en lisant (S)
46. en souriant (S-M)
47. en affirmant (C)
48. en lui offrant (M)
49. En consommant (C)
50. En faisant (C)
51. en conduisant (S)
52. en coupant (S-M)
53. en ayant (M)
54. en te couchant (M)
55. en montant (M)

22. Le discours indirect au présent

1.
1. ... de bien étudier à l'école.
2. ... de faire moins de bruit.
3. ... qu'elle les emmènera à la piscine.
4. ... qu'ils n'ont pas bien travaillé.
5. ... qu'ils sont insupportables.

2.
6. ... d'ouvrir leurs livres et de lire.
7. ... de ne pas écrire sur les tables.
8. ... de bien écouter et de répéter après lui.
9. ... de ne pas parler tout le temps.

3.
10. ... ce que vous faites le week-end.
11. ... ce que tu lis.
12. ... ce que tu décides de faire.
13. ... ce qu'ils regardent.

4.   14. ... ce qui t'amuse.
15. ... ce que tu écoutes à la radio.
16. ... ce qui vous plaît.
17. ... ce que vous faites le samedi.

5.   18. ... si tu préfères le travail ou les vacances.
19. ... si tu vas dîner chez tes amis.
20. ... si tu sors le vendredi soir.
21. ... en quelle année elle est née.
22. ... comment tu allais à l'école.
23. ... de ne pas le regarder comme ça.
24. ... ce que tu as inventé.
25. ... de te lever.
26. ... si tu iras au cinéma ce soir.
27. ... de ne pas vous maquiller.
28. ... ce qui te fait rire.
29. ... s'ils lui ont téléphoné.
30. ... ce qu'elle a acheté.
31. ... de ne pas t'habiller de cette façon.
32. ... pourquoi elle n'est pas venue.
33. ... si vous choisirez un chat ou un chien.
34. ... que le gâteau est bon.
35. ... qu'il te faudra un pantalon vert.
36. ... quand tu es libre.
37. ... ce qui est bleu, blanc, rouge.
38. ... de ne pas l'appeler maintenant.
39. ... combien d'heures tu as travaillé.
40. ... de se coucher sous la table.

6.   41. Qu'est-ce que tu fais ici ? / Que fais-tu ici ? / Tu fais quoi ici ?
42. D'où tu viens ? / D'où est-ce que tu viens ? / D'où viens-tu ? / Tu viens d'où ?
43. Pourquoi tu es ici ? / Pourquoi est-ce que tu es ici ? / Pourquoi es-tu ici ? / Tu es ici pourquoi ?
44. Comment tu t'appelles ? / Comment est-ce que tu t'appelles ? / Comment t'appelles-tu ? / Tu t'appelles comment ?

7.   45. ce qui   46. ce qu'
47. si   48. s' / ce qu'
49. si   50. comment / quand / s' / pourquoi

8. 51. Mange proprement !

52. Qu'est-ce qu'il y a comme dessert ? / Qu'y a-t-il comme dessert ?
Il y a quoi comme dessert ?

53. Tu ne pourras pas sortir pendant une semaine ! / Vous ne pourrez pas sortir pendant une semaine !

54. Ne vous douchez pas après le repas !

55. Où as-tu mal ? / Où est-ce que tu as mal ? / Où tu as mal ? / Tu as mal où ?

23. Les pronoms directs et indirects

1.

1. l'
2. le
3. les
4. les
5. l'
6. la
7. le
8. les

9. ... ne l'achètes pas tous les matins.
10. ... sait la faire.
11. ... ne va pas les promener.
12. ... les !
13. ... ne les a pas finis.
14. ... l'as dit à ta soeur.
15. ... les a connues.
16. ... ne l'a pas.

2.

17. lui
18. lui
19. leur
20. lui
21. leur
22. lui
23. leur
24. lui

25. ... lui ai parlé.
26. ... leur ai acheté des disques.
27. ... ne lui a pas demandé d'argent.
28. ... leur l'histoire !
29. ... va lui mentir.
30. ... ne leur plaît pas.
31. ... leur dites pas bonjour !
32. ... ne doit rien lui prêter.

3.

33. les
34. leur
35. le
36. m'
37. leur
38. nous
39. le
40. les
41. lui
42. l'

43. lui
44. le
45. leur
46. leur
47. l'
48. la
49. l'
50. les

51. Tu les as appelés.
52. Il aime les aider.
53. Tu leur obéis toujours.
54. Salue-les !
55. Ne la mange pas !
56. Tu l'as aimée.
57. Tu vas lui sourire.
58. Vous ne lui écrivez pas.
59. Il vient de les remercier.
60. Nous l'avons regardée.
61. Dis-leur merci !
62. Tu le penses.
63. Il lui a souhaité bonne chance.
64. Vous n'allez pas le quitter.
65. Ne l'ouvrez pas !
66. Va l'embrasser !
67. Il ne lui répond pas.
68. Il ne les a pas rencontrés.
69. On ne les a pas aimées.
70. Ce film ne lui a pas plu.

24. Les pronoms Y et EN

1. **A.** 1. ... en vacances.
2. ... à la boulangerie.
3. ... au aupermarché.

B. 4. y   5. y   6. y

7. ... y restons.   8. ... n'y vas pas.
9. ... va y aller.   10. ... y !
11. ... y avez été.   12. ... n'y pense jamais.

2. **A.** 13. ... un téléphone.   14. ... des glaces.
15. ... de l'école / du collège.

16. en   17. en   18. en

19. J'en viens.   20. ... n'en ont pas.
21. N'en prends pas !   22. ... en ont fait.
23. ... vais en rentrer. 24. ... n'en as pas beaucoup acheté.

3.   25. ... en portes normalement. 26. ... y sont allés.
27. ... y restez souvent.   28. ... en prend quelques-uns.
29. ... y croit.   30. ... n'y mange pas souvent.
31. ... y est déjà allé.   32. ... en a un.
33. ... en mangeons.   34. ... n'en boit pas.
35. ... en a pris une.   36. J'y suis.
37. ... viens d'y aller.   38. ... y en a beaucoup ici.
39. ... en une !   40. ... en a pris un.
41. ... -y !   42. ... n'en a pas acheté.
43. ... en rêve.   44. N'en buvez pas !

45. Réfléchis-y ! 46. ... ne t'en souviens pas.

47. ... n'y sont pas encore allés. 48. ... vas t'en occuper.

49. ... va y penser. 50. ... n'en a plus.

25. Les pronoms compléments directs, indirects, Y, EN, toniques.

1.
1. Il en sort.
2. Je les appelle tout de suite.
3. Nous irons les voir demain.
4. Il en a lu quelques-uns.
5. Accompagne-les à l'école !
6. Ne le prenez pas aujourd'hui !
7. J'en ai très envie.
8. J'en ai trouvé plusieurs dans ton cahier.
9. Ce soir, je dois y aller.
10. Je ne lui ai pas encore téléphoné.
11. Je l'ai déjà vue quelque part.
12. Tu vas y participer.
13. Il en rêve.
14. Je l'ai raconté.
15. Elle les a faites dans la matinée.
16. Vous y avez travaillé.
17. Je le sais.
18. Il en mange toujours.
19. Je les ai achetées pour vous.
20. Ils ne leur ont pas téléphoné.
21. J'en ai acheté une.
22. Il y fait très chaud en juillet.
23. N'oublie pas d'y penser !
24. Ne l'écoute pas !
25. Je ne vais pas en acheter.

2.
26. y
27. en
28. Toi
29. y
30. le
31. vous
32. en
33. lui
34. Nous
35. leur
36. Lui, elle
37. la
38. l'
39. y
40. vous
41. Moi
42. lui
43. les
44. moi, vous
45. Eux
46. m'en
47. Elles
48. y
49. en
50. j'y
51. le
52. y
53. lui
54. la
55. leur
56. Elles
57. l'
58. le
59. Lui / Nous
60. en

26. Le subjonctif présent

1.

1. parle	parlions
2. t'habilles	vous habilliez
3. finisse	finissent
4. choisisse	choisissions
5. apprennes	appreniez
6. boive	boivent
7. connaisse	connaissions
8. sortes	sortiez
9. écrive	écrivent
10. lise	lisions

11. aies	ayez
12. soit	soient
13. j'aille	allions
14. fasses	fassiez
15. sache	sachent
16. veuille	voulions
17. puisses	puissiez
18. vaille	vaillent
19. faille	
20. pleuve	

21. dorme	
22. plaises	
23. partions	27. fasses
	28. alliez
24. s'amuse	29. aidions
25. sois	30. viennent
26. se marient	

2.
31. Paul n'a pas l'impression que son chat veuille sortir.
32. Il n'est pas sûr qu'on vive mieux aujourd'hui.
33. Tu ne penses pas que le président ait tort.
34. Tu n'es pas certain qu'il faille le faire.
35. Il ne me semble pas qu'il pleuve.
36. Je n'admets pas que ce soit de notre faute.
37. Il n'est pas convaincu que son ami parte en Afrique.

3.

38. soit
39. aies
40. étudiions
41. travailliez
42. nous installions
43. dise
44. me repose
45. gagne
46. fasse
47. viennent
48. puisse
49. aille
50. pleuve
51. sache

52. rentrent
53. boives
54. invitiez
55. vous mariiez
56. aient
57. n'oublie pas
58. preniez
59. appelles
60. emmenions
61. neige
62. quittiez
63. mangions
64. finisse
65. arrives

27. L'indicatif ou le subjonctif ?

1. vienne (S)
2. viendront (I)
3. fassions (S)
4. a plu (I)
5. aidions (S)
6. pleuve (S)
7. n'a pas voulu (I)
8. réussira (I)
9. jouais (I)
10. soyez (S)
11. puissc (S)
12. est revenue (I)
13. réponde (S)
14. finissent (I)
15. parte (S)
16. ayez (S)
17. a vendu (I)
18. ailles (S)
19. lise (S)
20. connaît (I)
21. as/avais/aurais (I)
22. ne savais pas (I)
23. écrivions (S)
24. prenions (I)
25. apprennent (S)

31. voyiez (S)
32. payions (S)
33. fêtera (I)
34. sache (S)
35. mettrez (I)
36. sois (S)
37. restions (S)
38. doives (S)
39. ne font pas/n'ont pas fait/ne feront pas (I)
40. coupiez (S)
41. achète (S)
42. nous sommes trompé(e)s (I)
43. dises (S)
44. a (I)
45. passerons/sommes passé(e)s (I)
46. fera (I)
47. boivent (S)
48. nous réunissions (S)
49. exagérez (I)
50. c'est/c'était/ce sera(I)
51. acceptiez (S)
52. reviendra (I)
53. a laissé (I)
54. est mort (I)
55. contrôle/contrôlait/contrôlera (I)

26.   ne veuillent pas (S)
27.   étudierez (I)
28.   arrives (S)
29.   critiquions (S)
30.   j'entende (S)

56. ouvres (S)
57. offrent (S)
58. augmentera/va augmenter (I)
59. nettoyions (S)
60. sortes (S)

28. Avant de + infinitif présent / Après + infinitif passé

1. répondre
2. parler
3. avoir terminé
4. sortir
5. s'être habillée
6. traverser
7. avoir déjeuné
8. avoir pris
9. avoir lu
10. avoir rencontré
11. s'être douchées
12. faire
13. l'acheter

14. vous lever
15. être allée
16. nous coucher
17. avoir fait
18. être descendus
19. être tombée
20. partir
21. envoyer
22. s'asseoir
23. s'être brossé
24. t'amuser
25. s'être perdues

29. La cause, la conséquence, l'opposition

1.   À cause de
2.   car / parce qu'
3.   tellement qu'
4.   alors, donc, c'est pourquoi, c'est pour ça qu'
5.   si / tellement .... que
6.   Même si
7.   Contrairement à
8.   pourtant / mais
9.   tellement de .... que
10.   alors, donc, c'est pourquoi, c'est pour ça qu'
11.   grâce à
12.   car / parce que
13.   pourtant / mais / même s'
14.   à cause de
15.   contrairement à

16. si / tellement .... que
17. alors, donc, c'est pourquoi, c'est pour ça qu'
18. donc
19. alors
20. Même si
21. tellement .... qu'
22. pourtant / mais
23. tellement de .... qu'   24. donc
25. à cause de   26. car / parce qu'
27. grâce à   28. tellement .... qu'
29. même si   30. tellement de .... qu'

30. Vocabulaire

A.
1. âgée
2. frère
3. âge
4. divorcés
5. jeunesse
6. tante
7. nièce
8. ado / adolescent
9. mariage
10. célibataire
11. majeure
12. date de naissance
13. nationalité
14. étrangers

B.
15. branché
16. élevé
17. bavard(e)
18. gentille
19. décontractée
20. ressemblent
21. méchant
22. habillée
23. pauvres
24. mettre / porter
25. drôle
26. ennuyeux
27. talons
28. bizarres
29. élégante

C.
30. lycée
31. matières
32. passer
33. réussir
34. échoue
35. redoubler
36. études
37. diplômes
38. fac
39. cours
40. en médecine

D.
41. chômage
42. collègues
43. profession
44. emploi
47. retraite
48. carrière
49. stage
50. congés

45. métier
46. salaire

51. mi-temps
52. stressés

E.
53. séjour
54. pique-nique
55. bronzer
56. promenades
57. neige
58. réservation
59. bateau

60. s'entraîne
61. pied
62. en commun
63. vol
64. repose
65. retour

F.
66. maladie
67. poids
68. résolutions
69. manque
70. décès
71. arrêter
72. mal

73. appétit
74. laitiers
75. volonté
76. carte
77. consommation
78. principal
79. pourboire

G.
80. banlieue
81. quartier
82. village
83. population
84. pollution
85. qualité
86. loyer

87. déménager
88. ancien
89. locataire
90. isolées
91. terrasse
92. mairie

H.
93. écran
94. internaute
95. télécharger
96. surfer
97. cliquer
98. messagerie
99. abonnée
100. couverture
101. hebdomadaire

102. presse
103. lectrice
104. mains libres
105. répondeur
106. raccroche
107. texto
108. éteindre
109. rappeler

I.
110. bonheur
111. solitude
112. valeurs
113. association
114. dons
115. pauvreté

116. convivialité
117. solidaires
118. dépriment
119. plaisirs
120. (la) grève

1. Les trois types de question

<u>Versions courantes :</u>   <u>Version plus formelle :</u>

- Tu vas à la mer ?   Est-ce que tu vas à la mer ?   Vas-tu à la mer ?
- Il achète une moto ?   Est-ce qu'il achète une moto?   Achè**te-t-i**l une moto ? *

- Marie est suisse ?   Est-ce que Marie est suisse ?   <u>Marie</u> est-elle suisse ?
- Le voisin va au Maroc ?   Est-ce que le voisin va au Maroc ?   <u>Le voisin</u> **va-t-i**l au Maroc ? *

- Tu vas *où* ?   *Où* tu vas ?   *Où* est-ce que tu vas ?   *Où* vas-tu ?

- Tu fais quoi ?   Qu'est-ce que tu fais ?   Que fais-tu ?
- Qui est venu ?   Qui est-ce qui est venu ?

(* : Avec l'inversion, on ajoute *-t-* entre 2 voyelles.)

2. Les articles

Les articles définis :

Masculin singulier :   <u>le</u> stylo   Masculin pluriel :   <u>les</u> stylos
Féminin singulier :   <u>la</u> maison   Féminin pluriel :   <u>les</u> maisons
Masc. ou fém. singulier qui
commence par un « h » ou une voyelle :   <u>l'</u>homme (M)   <u>l'</u>armoire (F)   <u>l'</u>hiver(M)

Avec une négation, les articles définis ne changent pas.
Exemples :
      J'aime la mer.   → Je n'aime pas <u>la</u> mer.
      Il mange les bonbons.   → Il ne mange pas <u>les</u> bonbons.

Les articles indéfinis :

Masculin singulier :   <u>un</u> stylo   Masculin pluriel :   <u>des</u> stylo<u>s</u>
Féminin singulier :   <u>une</u> maison   Féminin pluriel :   <u>des</u> maisons

Par contre, avec une négation, les articles indéfinis se transforment en « de » ou « d' ».

Sauf avec le verbe « être », ils ne changent pas !
Exemples :

Ils ont une moto.	→ Ils n'ont pas <u>de</u> moto.
J'ai un ordinateur.	→ Je n'ai pas <u>d'</u>ordinateur.
Tu as des cahiers.	→ Tu n'as pas <u>de</u> cahiers.
! C'*est* un livre d'anglais.	→ Ce n'*est* pas <u>un</u> livre d'anglais.

Les articles partitifs et les quantificateurs

A. Les articles partitifs :

On les utilise pour désigner des quantités imprécises. On ne peut pas les omettre.
Exemple :

> *Ne dites pas* : « ~~Je mange chocolat~~ ».   **Dites** : Je mange **du** chocolat.

Masc. sing. :	→ Je mange **du** chocolat.
Fém. sing. :	→ Je mange **de la** soupe.
Sing. devant une voyelle ou un « h » :	→ Je bois **de l'**eau. Je prends **de l'**huile.
Masc. et fém. plur.	→ Je mange **des** bonbons.

Avec une négation, les articles partitifs se transforment en « de » ou « d' ».
Sauf avec le verbe « être », ils ne changent pas !

Exemples :

→ Je ne mange pas **de** chocolat.	Je ne mange pas **de** soupe.
Je ne bois pas **d'**eau.	Je ne prends pas **d'**huile.
Je ne mange pas **de** bonbons.	
Attention ! C'*est* du lait	→ Ce n'*est* pas <u>**du**</u> lait.

B. Les quantificateurs :

Ne dites pas : « ~~Je bois *un peu du* vin~~ ».   **Dites** : Je bois *un peu **de*** vin.

. Je voudrais / J'ai / Tu veux...	-	*peu **de*** pain.
	-	*beaucoup **de*** bière
	-	*plus **d'***eau
	-	*moins **de*** légumes
	-	*quelques* haricots
	-	*trop **de*** sucre
	-	*un litre **de*** lait
	-	*un bol **de*** soupe
	-	*un verre **d'***eau
	-	*un plat **de*** viande
	-	*un morceau **de*** poulet

Faire du..., jouer au..., jouer du...

Je fais...   . *du* football, *du* piano, *du* sport   (masc. sing.)
                     . *de la* natation, *de la* danse, *de la* musique   (fém. sing.)
                     . *de l'*accordéon, *de l'*orgue, *de l'*astrologie (sing. devant voyelle ou « h »)

Je joue + *instrument de musique* → *Je joue...*   . *du* piano (masc. sing.)
                                               . *de la* trompette (fém. sing.)
                                               . *de l'*accordéon *
Je joue + *sport / activité*   → *Je joue...*   . *au* football   (masc. sing.)
                                               . *à la* balle   (fém. sing.)
                                               . *à l'* ordinateur *
                                               . *aux* dames (Pluriel)
(* masculin singulier ou féminin singulier devant une voyelle ou un « h » muet.)

3. Le présent de l'indicatif

Il y a trois groupes de verbes :

1. Le premier groupe : Ce sont les verbes qui se terminent par «- er ». Ils sont réguliers.
Sauf le verbe « aller » qui est irrégulier.

       Exemple : « par**ler** »

            je parl**e**   nous parl**ons**
            tu parl**es**   vous parl**ez**
            il parl**e**   ils parl**ent**

Attention à certains verbes !
       . Les verbes comme « jeter » et « s'appeler » :
je jette, tu jettes, il jette, nous jetons, vous jetez, ils jettent.
je m'appelle, tu t'appelles, il s'appelle, nous nous appelons, vous vous appelez, ils s'appellent.
       . Les verbes comme « ouvrir, offrir ». Ces verbes se conjuguent comme les verbes du premier groupe.
Ex. « offrir » : j'offre, tu offres, il offre, nous offrons, vous offrez, ils offrent.
       . Les verbes en «- yer » :
Comme « employer » : j'emploie, tu emploies, il emploie, nous employons, vous employez, ils emploient.
Les verbes en « ayer » comme « payer » peuvent garder le « y » à toutes les personnes.
je paie/paye, tu paies/payes, il paie/paye, nous payons, vous payez, ils paient/payent.
       . Les verbes en «- ger » :
Comme « manger » : je mange, tu manges, il mange, nous mangeons, vous mangez, ils mangent.

. *Les verbes en «- cer »* :
Comme « commencer » : je commence, tu commences, il commence, nous commençons, vous commencez, ils commencent.
. *Les verbes comme « -acheter, lever, peler, mener... »*
Ex. « acheter » : j'achète, tu achètes, il achète, nous achetons, vous achetez, ils achètent.
. *Le verbe « préférer »* :
je préfère, tu préfères, il préfère, nous préférons, vous préférez, ils préfèrent.

2. <u>Les verbes pronominaux</u>. Ils sont généralement du premier groupe.

Exemple :	« se laver »	je **me** lave	nous **nous** lavons
		tu **te** laves	vous **vous** lavez
		il **se** lave	ils **se** lavent

3. <u>Le deuxième groupe</u> : Ce sont les verbes comme « finir ». Ils sont <u>réguliers</u>.

je fin**is**	nous fin**issons**
tu fin**is**	vous fin**issez**
il fin**it**	ils fin**issent**

Les verbes « grossir, choisir, grandir, réussir, remplir... » sont du deuxième groupe !

4. <u>Le troisième groupe</u> : Ce sont les autres verbes qui se terminent par «- ir », «- oir » et «- re ». Ils sont <u>irréguliers</u>. **Il faut les étudier** !

Liste des principaux verbes irréguliers :

infinitif	*je/j'*	*tu*	*il/elle*	*nous*	*vous*	*ils/elles*
aller	vais	vas	va	allons	allez	vont
avoir	ai	as	a	avons	avez	ont
boire	bois	bois	boit	buvons	buvez	boivent
conduire	conduis	conduis	conduit	conduisons	conduisez	conduisent
connaître	connais	connais	connaît	connaissons	connaissez	connaissent
croire	crois	crois	croit	croyons	croyez	croient
devoir	dois	dois	doit	devons	devez	doivent
dire	dis	dis	dit	disons	dites	disent
dormir	dors	dors	dort	dormons	dormez	dorment
écrire	écris	écris	écrit	écrivons	écrivez	écrivent
être	suis	es	est	sommes	êtes	sont
entendre	entends	entends	entend	entendons	entendez	entendent
faire	fais	fais	fait	faisons	faites	font
lire	lis	lis	lit	lisons	lisez	lisent
mettre	mets	mets	met	mettons	mettez	mettent
partir	pars	pars	part	partons	partez	partent

perdre	perds	perds	perd	perdons	perdez	perdent
pouvoir	peux	peux	peut	pouvons	pouvez	peuvent
prendre	prends	prends	prend	prenons	prenez	prennent
répondre	réponds	réponds	répond	répondons	répondez	répondent
savoir	sais	sais	sait	savons	savez	savent
venir	viens	viens	vient	venons	venez	viennent
voir	vois	vois	voit	voyons	voyez	voient
vouloir	veux	veux	veut	voulons	voulez	veulent

4. Le passé récent / le présent continu / le futur proche

1. Le passé récent :
C'est le temps du passé utilisé pour une action réalisée il y a peu de temps.

Formation : « venir de/d' » au présent de l'indicatif + infinitif du verbe
Exemples :   . Elle vient de manger une glace.
. Ils viennent de faire leur travail.
. Je viens d'aller faire les courses.

2. Le présent continu :
C'est le temps utilisé pour désigner une action qui se fait au moment où l'on parle.

Formation : « être » au présent de l'indicatif + en train de/d'+ verbe à l'infinitif
Exemples :   . Tu es en train de parler avec le professeur.
. Nous sommes en train d'acheter des fruits.
. Il est en train d'étudier les verbes.

3. Le futur proche .
C'est le temps du futur utilisé pour une action qui va se réaliser prochainement.

Formation : « aller » au présent de l'indicatif + infinitif du verbe
Exemples :   . Je vais dîner au restaurant ce soir.
. Vous allez faire les courses cet après-midi.
. Ils vont appeler leur grand-mère pour l'inviter.

5. Les prépositions de lieu

A. aller à... être à... venir à ... :

- Les lieux communs :
  Je vais / Je suis / Je viens…   . *au* musée. (MS)
  . *à la* plage. (FS)
  . *â l'*hôpital. *
  . *aux* toilettes. (MP- FP)

- Les pays / Les villes :
  Je vais / Je suis / Je viens…   . *en* France. (pays féminin)
  . *au* Portugal. (pays masculin)
  . *aux* États-Unis. (pays pluriel)
  . *à* Paris. (ville)

- Une personne :
  Je vais / Je suis / Je viens…   . *chez* Pierre.
  . *chez* le dentiste.
  . *chez* toi.

(* masculin singulier ou féminin singulier devant une voyelle ou un « h » muet.)

Attention ! : Je vais <u>au</u> Mexique, tu es <u>en</u> ville, il va <u>au</u> centre ville, on est <u>à la</u> maison !

B. venir de... :

- Les lieux communs :
  Je viens…   . *du* musée. (MS)
  . *de la* plage. (FS)
  . *de l'*hôpital. *
  . *des* toilettes. (MP- FP)

- Les pays / Les villes :
  Je viens…   . *de* France. (pays féminin)
  . *du* Portugal. (pays masculin)
  . *des* États-Unis. (pays pluriel)
  . *de* Paris. (ville)

- Une personne :
  Je viens…   . *de chez* Pierre.
  . *de chez* le dentiste.
  . *de chez* toi.

(* masculin singulier ou féminin singulier devant une voyelle ou un « h » muet.)

Attention ! : Je viens <u>du</u> Mexique, tu viens <u>de la</u> ville, il vient <u>du</u> centre ville, on vient <u>de la</u> maison.

6. Les adjectifs qualificatifs

Les adjectifs courts et fréquemment utilisés se placent avant le nom.

Exemples :
un petit chapeau	*une grande table*	*un gros gâteau*
une belle chemise	*un nouvel ordinateur*	*un vieil homme*

Attention avec les adjectifs « beau, nouveau, vieux » devant un nom masculin singulier !

→   un <u>vieil</u> homme   un <u>bel</u> appareil   un <u>nouvel</u> ordinateur

Les adjectifs longs, les adjectifs de couleur et les adjectifs de nationalité se placent après le nom !

Exemples :
une femme anglaise	*un plat excellent*	*un pantalon bleu*
une chaise confortable	*un élève belge*	*un sac rouge*

Masculin singulier	Féminin singulier	Masculin pluriel	Féminin pluriel
sympathique	sympathique	sympathiques	sympathiques
petit / anglais	petite / anglaise	petits / anglais	petites / anglaises
fatigué	fatiguée	fatigués	fatiguées

Masculin singulier	Féminin singulier	Masculin pluriel	Féminin pluriel
premier	première	premiers	premières
italien	italienne	italiens	italiennes
bon	bonne	bons	bonnes
beau	belle	beaux	belles
national	nationale	nationaux	nationales
naturel	naturelle	naturels	naturelles
heureux	heureuse	heureux	heureuses
moqueur	moqueuse	moqueurs	moqueuses
admirateur	admiratrice	admirateurs	admiratrices
blanc	blanche	blancs	blanches
fou	folle	fous	folles
chinois	chinoise	chinois	chinoises

Attention !	long	longue	longs	longues
	roux	rousse	roux	rousses
	gros	grosse	gros	grosses
	jaloux	jalouse	jaloux	jalouses
	gentil	gentille	gentils	gentilles
	vieux	vieille	vieux	vieilles
	secret	secrète	secrets	secrètes
	net	nette	nets	nettes
	marron	marron	marron	marron
	grec	grecque	grecs	grecques
	turc	turque	turcs	turques

7. Les pronoms relatifs

1.   Le pronom relatif « que » :

Ce pronom relatif est complément d'objet direct du verbe. Il peut remplacer les choses, les personnes...
Exemples :
C'est l'homme que je ne supporte pas. (« je » : sujet de « ne supporte pas »)
Voilà le sac que tu vas acheter.
Je vais te montrer la jupe que j'ai essayée hier.

2.   Le pronom relatif « qui » :

Il est sujet du verbe. Il peut remplacer les choses, les personnes...
Exemples :
C'est le pantalon qui me plaît. (« qui » : sujet de « plaît »)
C'est la femme qui était à la réunion hier.

3.   Le pronom relatif « où » :

Ce pronom relatif est complément de lieu et de temps.
Exemples :
Voilà l'école où on a étudié. (lieu)   C'est le magasin où j'aime faire mes courses. (lieu)
2002, c'est l'année où Paul est né. (temps) Je n'aime pas la période où les feuilles tombent. (temps)

4.   Le pronom relatif « dont » :

Il remplace le complément d'objet indirect introduit par « de ».

Exemples :
Elle nous a présenté l'homme dont elle est amoureuse. (Elle est amoureuse <u>de</u> ce jeune homme)
C'est le garçon dont <u>le</u> père travaille à l'étranger. (le père <u>de</u> ce garçon : complément du nom)

8. Les adjectifs et les pronoms démonstratifs

1.   Les adjectifs :
Ils accompagnent le nom.

Masculin singulier :   → **Ce** livre est intéressant.
Masculin singulier qui commence par une voyelle ou un « h » : → **Cet** ordinateur est cher.

Féminin singulier :   → **Cette** fille est intelligente.
                                                       → **Cette** armoire est belle.

Masculin pluriel et féminin pluriel :   → **Ces** cahiers ont à moi.
                                                       → **Ces** femmes sont belges.

2.   Les pronoms démonstratifs :
Ils remplacent le nom.

LES PRONOMS DÉMONSTRATIFS	Masculin	Féminin
Singulier	*celui*	*celle*
Pluriel	*ceux*	*celles*

Exemples :
. De ces livres, <u>lequel</u> voulez-vous ?   **Celui-ci** *ou* **celui-là** *?*   *(MS)*
. De ces chemises, <u>laquelle</u> préférez-vous ?   **Celle-ci** *ou* **celle-là** *?*   *(FS)*
. De ces cahiers, <u>lesquels</u> tu achètes ?   **Ceux-ci** *ou* **ceux-là** *?*   *(MP)*
. De ces photos, <u>lesquelles</u> gardez-vous ?   **Celles-ci** *ou* **celles-là** *?*   *(FP)*

. J'aime bien ce livre !   Moi, je préfère **celui de** *ton frère.*
. Regarde les chaussures de Paul et **celles de** *Pierre !*
. L'homme qui est à gauche, c'est mon père. Mais celui **qui est** *à sa droite, c'est mon oncle.*
. Les bonbons ? J'adore **ceux qui** *sont à la menthe.*
. De toutes ces fleurs, **celles que** *je préfère sont les roses blanches.*
. Tu as vu cette fille ? Laquelle ? **Celle que** *ton cousin regarde sans arrêt ?*

9. Les adjectifs et les pronoms interrogatifs

1.   Les adjectifs interrogatifs :

Ils accompagnent le nom.

Exemples : **Quel** *livre tu préfères ?*   → *masculin singulier*
          Quelle *cravate tu vas acheter ?*   → *féminin singulier*
          Quels *disques tu écoutes ?*   → *masculin pluriel*
          Quelles *couleurs tu préfères ?*   → *féminin pluriel*

2.   Les pronoms interrogatifs :

Ils remplacent le nom.
Exemples :
*Tu aimes bien ces deux pantalons ; mais **lequel** tu vas acheter ?*   → *masculin singulier*
          (= quel pantalon)
*Elle voudrait acheter une revue ; mais **laquelle** elle va choisir ?*   → *féminin singulier*
          (= quelle revue)
*Jean lit plusieurs livres par mois ; mais il a lu **lesquels** ?*   → *masculin pluriel*
          (= quels livres)
*Julie va acheter deux ou trois chemises ; elle va prendre **lesquelles** ?*   → *féminin pluriel*
          (= quelles chemises)

10. Les adjectifs et les pronoms possessifs

1.   Les adjectifs possessifs :

C'est	Masculin singulier	Féminin singulier	*Fém. Sing. devant voyelle ou « h »*	Masculin pluriel	Féminin pluriel
... à moi	**mon** livre	**ma** table	**mon** histoire **mon** amie	**mes** livres	**mes** tables **mes** histoires
... à toi	**ton** livre	**ta** table	**ton** histoire **ton** amie	**tes** livres	**tes** tables **tes** histoires
... à lui/à elle	**son** livre	**sa** table	**son** histoire **son** amie	**ses** livres	**ses** tables **ses** histoires
... à nous	**notre** livre	**notre** table	**notre** histoire **notre** amie	**nos** livres	**nos** tables **nos** histoires
... à vous	**votre** livre	**votre** table	**votre** histoire **votre** amie	**vos** livres	**vos** tables **vos** histoires
... à eux/elles	**leur** livre	**leur** table	**leur** histoire **leur** amie	**leurs** livres	**leurs** tables **leurs** histoires

Attention ! . C'est mon livre, ma table, ***mon a***rmoire. (FS)

. C'est le livre de Paul. → C'est ***son*** livre.

. Ce sont les livres de Paul. → Ce sont ***ses*** livres.

. C'est le livre de Paul et d'Annie. → C'est ***leur*** livre.

. Ce sont les livres de Paul et d'Annie. → Ce sont ***leurs*** livres.

2. Les pronoms possessifs :

C'est	Masculin singulier (le livre)	Féminin singulier (la table)	Masculin pluriel (les livres)	Féminin pluriel (les tables)
... à moi	**le mien**	**la mienne**	**les miens**	**les miennes**
... à toi	**le tien**	**la tienne**	**les tiens**	**les tiennes**
... à lui/à elle	**le sien**	**la sienne**	**les siens**	**les siennes**
... à nous	**le nôtre**	**la nôtre**	**les nôtres**	**les nôtres**
... à vous	**le vôtre**	**la vôtre**	**les vôtres**	**les vôtres**
... à eux/elles	**le leur**	**la leur**	**les leurs**	**les leurs**

Exemples :

Ces voitures, ce sont les miennes.

Ce jardin est aux voisns ; c'est le leur.

Ce sont les livres de Paul ; ce sont les siens.

Ce sont les chiens de mes cousins ; ce sont les leurs.

Attention !

*Je m'occupe de ma fille ; je m'occupe **de la mienne.***

*Tu t'occupes de ton fils ; tu t'occupes **du tien**. (de+le)*

*Il parle de ses problèmes ; il parle **des siens**. (de+les)*

*Elle parle de ses aventures ; elle parle **des siennes**. (de+les)*

*Je pense à mon travail ; je pense **au mien**. (à+le)*

*Tu penses à ta famille ; tu penses **à la tienne**.*

*Il écrit à ses voisins ; il écrit **aux siens**. (à+les)*

*Elle écrit à ses filles ; elle écrit **aux siennes**. (à+les)*

11. Le passé composé

Exemples :   **Hier, j'ai mangé** *au restaurant.*
Ce matin, tu as fait *les courses.*

1. Le participe passé :
   a. Les verbes en –er :   manger   → mang**é**
      aller   → all**é**
   b. Les verbes en –ir :   finir   → fin**i**
      sortir   → sort**i**
   c. Les autres verbes :   ***Étudiez la liste des participes passés irréguliers !***

Il y a deux auxiliaires en français pour former le passé composé : « avoir » et « être ».

2. Avec l'auxilaire « avoir » : La plupart des verbes se conjuguent avec l'auxiliaire « avoir ».
Exemples :   *aimer*   →   *il a aimé*
choisir   →   *tu as choisi*
prendre   →   *nous **n**'avons **pas** pris*
savoir   →   *ils **n**'ont **pas** su*

Attention ! S'il y a un complément direct ou un pronom direct avant le verbe au passé composé, le participe passé s'accorde en fonction de celui-ci.

Exemples :   *C'est <u>la fille</u> que j'ai connu**e**.*
*Voilà <u>les cahiers</u> que tu as acheté**s**.*
*Sa voiture, il <u>l</u>'a vendu**e**.*
*Ces deux femmes, je <u>les</u> ai vu**es** ce matin.*

3. Avec l'auxiliaire « être » : Les verbes *de mouvement* et les verbes pronominaux se conjuguent avec l'auxiliaire « être ».
A : Les verbes de mouvement : aller, arriver, descendre, monter, passer, rentrer, rester, retourner, revenir, sortir, tomber, venir   +   naître, mourir, devenir.

Le participe passé s'accorde en genre et en nombre avec le sujet.

Exemples :   *tomber*   →   *il est tombé*
passer   →   *elle est passé**e***
descendre   →   *nous **ne** sommes **pas** descendu(e)**s***
devenir   →   *elles **ne** sont **pas** devenu**es***

Attention ! S'il y a un complément direct après le verbe au passé composé, le participe passé ne s'accorde pas et on utilise l'auxiliaire « avoir ».

Exemples :   Elle a pass*é* <u>une belle journée</u>.   Ils ont descend*u* <u>la poubelle</u>.

De même, les verbes « courir, danser, marcher, nager et sauter » se conjuguent avec l'auxiliaire « avoir ».

Exemples :   courir   →   elle a couru
                         dansé   →   ils **n**'ont **pas** dansé

B. Les verbes pronominaux :
Le participe passé s'accorde en genre et en nombre avec le sujet.

Exemples :   se lever :

je me suis levé(e)   nous nous sommes levé(e)**s**
tu t'es levé(e)   vous vous êtes levé(e)**s**
il s'est levé   ils se sont levé**s**
elle s'est lev*ée*   elles se sont lev*ée***s**

                              ne pas s'habiller :
je ne me suis pas habillé(e)   nous ne nous sommes pas habillé(e)**s**
tu ne t'es pas habillé(e)   vous ne vous êtes pas habillé(e)**s**
il ne s'est pas habillé   ils ne se sont pas habillé**s**
elle ne s'est pas habill*ée*   elles ne se sont pas habill*ée***s**

Madame, vous vous êtes coiff*ée* ?   Sophie, pourquoi tu ne t'es pas prépar*ée* ?
Les enfants, vous vous êtes réveillé**s** à quelle heure ?

Attention ! S'il y a un complément direct après le verbe au passé composé, le participe passé ne s'accorde pas.

Exemples :   Ils se sont lav*é* <u>les mains</u>.
                         Elles se sont prépar*é* <u>un café</u>.

Liste des participes passés irréguliers :

apprendre	→	appris	conduire	→	cond**uit**
asseoir (s')	→	ass**is** (*)	construire	→	constr**uit**
comprendre	→	compr**is**	cuire	→	**cuit**
mettre	→	m**is**	détruire	→	détr**uit**
permettre	→	perm**is**	produire	→	prod**uit**
prendre	→	pr**is**	traduire	→	trad**uit**
promettre	→	prom**is**	---		
surprendre	→	surpr**is**			
---------------------------------------			cueillir	→	cueill**i**

abattre	→	abatt**u**
apercevoir (s')	→	aperç**u** (*)
attendre	→	attend**u**
battre	→	batt**u**
boire	→	b**u**
connaître	→	conn**u**
convaincre	→	convainc**u**
coudre	→	cous**u**
courir	→	cour**u**
croire	→	cr**u**
dépendre	→	dépend**u**
descendre	→	descend**u** *
devenir	→	deven**u** *
disparaître	→	dispar**u**
élire	→	él**u**
étendre	→	étend**u**
falloir	→	fall**u**
lire	→	l**u**
obtenir	→	obten**u**
paraître	→	par**u**
perdre	→	perd**u**
plaire	→	pl**u**
pleuvoir	→	pl**u**
pouvoir	→	p**u**
prévoir	→	prév**u**
recevoir	→	reç**u**
reconnaître	→	reconn**u**
rendre (se)	→	rend**u** (*)
répondre	→	répond**u**
retenir	→	reten**u**
revoir	→	rev**u**
savoir	→	s**u**
taire (se)	→	t**u** (*)
tendre	→	tend**u**
tenir	→	ten**u**
vaincre	→	vainc**u**
valoir	→	val**u**
vendre	→	vend**u**
venir	→	ven**u** *
vivre	→	véc**u**
voir	→	v**u**
vouloir	→	voul**u**

---

devoir	→	d**û**

---

avoir	→	**eu**

dormir	→	dorm**i**
endormir (s')	→	endorm**i** (*)
mentir	→	ment**i**
partir	→	part**i** *
repartir	→	repart**i** *
rire	→	r**i**
sentir	→	sent**i**
servir	→	serv**i**
sortir	→	sort**i** *
sourire	→	sour**i**
suffire	→	suff**i**
suivre	→	suiv**i**

---

dire	→	d**it**
écrire	→	écr**it**
interdire	→	inter**dit**

---

découvrir	→	découv**ert**
offrir	→	off**ert**
ouvrir	→	ouv**ert**

---

craindre	→	cr**aint**
plaindre (se)	→	pl**aint** (*)

---

atteindre	→	att**eint**
éteindre	→	ét**eint**
peindre	→	p**eint**

être	→	**été**

---

naître	→	**né** *

---

distraire	→	distr**ait**
faire	→	**fait**

---

mourir	→	**mort** *

* : Ces verbes se conjuguent avec
l'auxiliaire « être ».

183

12. L'imparfait

Il est formé à partir de la première personne du pluriel du présent de l'indicatif (« nous »).

Exemple : Le verbe « partir » → *nous partons (présent)*

On enlève la terminaison « ons » et on garde le radical « part ». Ensuite, on écrit les terminaisons de l'imparfait, qui sont <u>les mêmes</u> pour tous les verbes.

> je part**ais**　　　　　　nous part**ions**
> tu part**ais**　　　　　　vous part**iez**
> il/elle part**ait**　　　　　ils/elles part**aient**

<u>Seulement quelques verbes sont particuliers</u> :

- « **être** » :　j'étais, tu étais, il était, nous étions, vous étiez, ils étaient.
- Les verbes en –**ier** comme « étudier » :
  j'étud**i**ais, tu étud**i**ais, il étud**i**ait, nous étud**ii**ons, vous étud**ii**ez, ils étud**i**aient.
- Les verbes en –**yer** comme « payer » :
  je pay**a**is, tu payais, il payait, nous pa**y**ions, vous pa**y**iez, ils payaient.
- Les verbes en –**ger** comme « manger » :
  je mang**e**ais, tu mang**e**ais, il mang**e**ait, nous mangions, vous mangiez,
  ils mang**e**aient.
- Les verbes en –**cer** comme « placer » :
  je plaçais, tu plaçais, il plaçait, nous placions, vous placiez, ils plaçaient

13. Passé composé ou imparfait ?

Ce sont les temps du récit.

Le passé composé est utilisé pour indiquer **les événements** *; il fait avancer la narration.*

L'imparfait est utilisé pour **les circonstances, les descriptions et le décor.**

Exemples : Quand j''**étais** *jeune, j'*'**aimais** *beaucoup voyager avec mes amis. On* **faisait** *du camping et on* **s'amusait** *bien. Une nuit, on* **a eu** *très peur car un voleur* **est entré** *sous la tente. Il* **a pris** *nos sacs et notre caméra. Alors le lendemain, nous* **avons tout démonté** *et nous* **sommes rentrés**.

14. Le futur simple

1. *Formation régulière* : *INFINITIF + TERMINAISONS*
AI, AS, A, ONS, EZ, ONT

chanter	→ je chanter<u>ai</u>
finir	→ je finir<u>ai</u>
mettr*e*	→ je mettr<u>ai</u>
entendr*e*	→ j'entendr<u>ai</u>
boir*e*	→ je boir<u>ai</u>
écrir*e*	→ j'écrir<u>ai</u>

Attention ! *Verbes comme :*

lever	→ je lèverai
appeler	→ j'appellerai
jeter	→ je jetterai

*Verbes en –oyer, -uyer, -**a**yer :*

nettoyer	→ je nettoierai
essuyer	→ j'essuierai
p**a**yer	→ je paierai ou je payerai

2. *Formation irrégulière :*

aller	→ j'irai
avoir	→ j'aurai
savoir	→ je saurai
être	→ je serai
faire	→ je ferai
voir	→ je verrai
envoyer	→ j'enverrai
pouvoir	→ je pourrai
mourir	→ je mourrai
courir	→ je courrai
devoir	→ je devrai
recevoir	→ je recevrai
pleuvoir	→ il pleuvra

venir	→ je viendrai
tenir	→ je tiendrai
vouloir	→ je voudrai
valoir	→ je vaudrai
falloir	→ il faudra
s'asseoir	→ je m'assiérai ou je m'assoirai

Attention ! On l'utilise aussi après les expressions suivantes :
Je serai à la maison **quand / lorsque** tu <u>rentreras</u>.
J'**espère qu**'il <u>fera</u> beau demain !
Tu étudieras **pendant que** nous <u>sortirons</u> faire la fête.

15. Le conditionnel présent

1. <u>Formation régulière</u> : *Il se forme avec le radical du futur et les terminaisons de l'imparfait (infinitif + ais, ais, ait, ions, iez, aient).*

chanter	→ je chanter<u>ais</u>
finir	→ je finir<u>ais</u>
mett**r**e	→ je mettr<u>ais</u>
entend**r**e	→ j'entendr<u>ais</u>
boi**r**e	→ je boir<u>ais</u>
écri**r**e	→ j'écrir<u>ais</u>

Attention ! Verbes comme :
lever	→ je lèverais
appeler	→ j'appellerais
jeter	→ je jetterais

*Verbes en –oyer, -uyer, -**a**yer :*
nettoyer	→ je nettoierais
essuyer	→ j'essuierais
p**a**yer	→ je paierais ou je payerais

2. <u>Formation irrégulière</u> :
aller	→ j'irais
avoir	→ j'aurais
savoir	→ je saurais
être	→ je serais

faire	→ je ferais
voir	→ je verrais
envoyer	→ j'enverrais
pouvoir	→ je pourrais
mourir	→ je mourrais
courir	→ je courrais
devoir	→ je devrais
recevoir	→ je recevrais
pleuvoir	→ il pleuvrait
venir	→ je viendrais
tenir	→ je tiendrais
vouloir	→ je voudrais
valoir	→ je vaudrais
falloir	→ il faudrait
s'asseoir	→ je m'assiérais ou je m'assoirais

Emplois :

. Il est utilisé pour exprimer un désir, un souhait, pour formuler une demande polie.

Exemples :   J'aimerais faire le tour du monde.
Pourriez-vous s'il vous plaît m'envoyer ce document ?

. Il est utilisé aussi pour exprimer l'hypothèse.

L'hypothèse concerne...

- un moment futur (hypothèse réalisable / possible)   → *Si + présent / futur simple*
Exemple : Si mon cousin vient chez nous, on ira à la piscine.

- le moment présent (hypothèse non réalisable)   → *Si + imparfait / conditionnel présent*
Exemple : Si on avait le temps, on ferait du sport.

16. Le comparatif et le superlatif

1. LE COMPARATIF :

La comparaison est faite avec	UN NOM	UN VERBE	UN ADJECTIF	UN ADVERBE
+	Tu as **plus de** livres que...	Paul travaille **plus** que...	Il est **plus** timide que...	La moto va **plus** vite que...
=	Tu as **autant de** livres que...	Paul travaille **autant** que...	Il est **aussi** timide que...	La moto va **aussi** vite que...
-	Tu as **moins de** livres que...	Paul travaille **moins** que...	Il est **moins** timide que...	La moto va **moins** vite que...

Attention !   **bon(ne)(s)**   ➔ **meilleur(e)(s)**   (adjectifs)
                   bien   ➔ **mieux**   (adverbes)

Exemples :
*. La soupe est **bonne** mais la tarte est **meilleure**.*
*. Annie travaille **bien** mais sa soeur travaille **mieux**.*

2. LE SUPERLATIF :

LE SUPERLATIF	UN NOM	UN VERBE	UN ADJECTIF	UN ADVERBE
+	C'est la ville qui a **le plus de** touristes.	C'est la fille qui travaille **le plus.**	Voilà la fille **la plus** timide.	C'est la moto qui va **le plus** vite.
-	C'est la ville qui a **le moins de** touristes.	C'est la fille qui travaille **le moins.**	Voilà la fille **la moins** timide.	C'est la moto qui va **le moins** vite.

Remarque :
Avec les adjectifs courts et fréquemment utilisés, on peut dire :
C'est la maison la plus jolie.   OU   *C'est la plus jolie maison.*

Attention !   **bon(ne)(s)**   ➔ **le / les meilleur(s) – la / les meilleure(s) (adjectifs)**
                   bien   ➔ **le mieux   (adverbes)**
Exemples :
*. C'est dans cette région que les poissons sont **les meilleurs**.*
*. C'est dans cette ville qu'on vit **le mieux**.*

17. Les adjectifs et les pronoms indéfinis

Les adjectifs : (Ils accompagnent le nom.)

Masculin singulier :	tout le monde	Masculin pluriel :	tous les hommes
Féminin singulier :	toute la vie	Féminin pluriel :	toutes les femmes

Chaque jour, je vais à l'école. Il y a plusieurs enfants de ma classe qui sont malades. Elle a acheté quelques cadeaux pour ses amis. Il y a certains garçons / certaines filles que je ne connais pas ici.

Les pronoms : (Ils remplacent le nom.)

Les filles sont bien installées, chacune sur sa chaise. Les garçons s'amusent, chacun avec son jeu.
Je suis content car ce livre est passionnant, certains sont vraiment ennuyeux. Je n'aime pas les séries à la télé, poutrtant certaines sont amusantes.
Je n'ai plus de stylos alors je vais en acheter plusieurs.
J'adore les bonbons et je vais en manger quelques-uns. Il préfère les cerises et il va en prendre quelques-unes.
Ces étudiants ? Je les connais tous. Mes amies, je vais toutes les inviter.
Deux élèves étaient absents aujourd'hui ; les autres étaient là.

18. Les adverbes

Formation :
Règle générale : **adjectif au féminin + ment**
   Exemple : seul → *seulement*

   adjectifs se terminant par –i, -é- u : adjectif au masculin + ment
   Exemples : poli → *poliment*
   absolu → *absolument*

   adjectifs se terminant par –ant : formation en -amment
   adjectifs se terminant pat –ent : formation en -emment
   Exemples : galant → *galamment*
   récent → *récemment*

Il y a des exceptions comme « franc » → *franchement*
   « profond » → *profondément*   *etc.*

- L'adverbe « seulement » peut être remplacé par la structure « ne... que »
  Exemple : Il travaille seulement le jeudi. → *Il ne travaille que le jeudi.*

- Ne confondez pas les adjectifs et les adverbes ! Les adverbes sont invariables !
  Exemples : Il marche vite. = Il marche rapidement. (adverbes)
         Il est rapide pour marcher. (adjectif)

     Elle travaille bien (adverbe) ; c'est une bonne élève. (adjectif)
     Il travaille mieux (adverbe) ; ses résultats sont meilleurs. (adjectif)
     Quel mauvais temps ! (adjectif) Il a mal fait ses exercices. (adverbe)

19. Les indicateurs de temps ou marqueurs chronologiques

- **Hier**, je suis allé à la piscine.
- **Demain**, j'irai au théâtre.

- Elle est partie **il y a** deux mois. **Il y a** deux mois **qu'**elle est partie. **Ça fait** deux mois **qu'**elle est partie.
- Je suis en vacances **depuis** quatre jours.

- Le mariage de ta tante, **c'était** en 1998.
- Je suis passé par le centre ; **il y avait** une grève.

- **Ce soir**, c'est la fête.
- **Ce matin / Cet après-midi**, nous avons fait des courses.
- **Le mois dernier**, on a visité Paris.
- **Mardi prochain**, le magasin sera fermé.
- **Après-demain**, c'est samedi.

- Il a dormi **pendant** le spectacle.
- On sera en vacances **dans** une semaine.
- J'ai fait ce travail **en** deux heures.
- Tu as travaillé **de** neuf heures **à** midi.
- Elle a fait une sieste **avant** le dîner.
- Tu ne travailles pas **après** quatorze heures.
- **Au début**, c'était difficile mais **à la fin**, je me suis habituée.
- **D'abord**, tu te lèves. **Puis**, tu te douches. **Ensuite**, tu t'habilles. **Enfin / Finalement**, tu pars travailler.
- **Aujourd'hui**, je ne travaille pas et **en ce moment** ; je mange.
- **En** 1980, j'avais vingt ans. **À ce moment-là**, j'étudiais.
- **Au moment où** il est arrivé, la téléphone a sonné.
- Il était près de moi et **à un moment**, il a disparu.
- Tu l'as vu mercredi ; **au milieu de** la semaine.
- Il s'est senti mal **au cours de** la fête.

20. La négation

PHRASES POSITIVES	PHRASES NÉGATIVES
Il fait son travail.	Il **ne** fait **pas** son travail.
Quelqu'un est venu ce matin.	**Personne** n'est venu ce matin.
Tu as rencontré quelqu'un.	Tu **n'**as rencontré **personne**.
J'ai acheté quelque chose.	Je **n'**ai **rien** acheté.
Il vient souvent nous voir.	Il **ne** vient **pas souvent** nous voir.
Il vient toujours nous voir.	Il **ne** vient **jamais** nous voir.
Il a vu cet homme quelque part.	Il **n'**a vu cet homme **nulle part**.
Tu as déjà fait tes exercices.	Tu **n'**as **pas encore** fait tes exercices.
Il travaille encore ici.	Il **ne** travaille **plus** ici.

21. Le gérondif

Formation :
en + participe présent (radical du présent de la 1ère personne du pluriel du présent + **ant**)
*Exemples : nous **mange**ons* → *en mangeant*
*nous **finiss**ons* → *en finissant*
*nous **fais**ons* → *en faisant*

Emplois :
Le gérondif peut exprimer :
1. La manière   **2. La cause**   **3. La simultanéité**

Exemples :
*1.   Elle est tombée **en perdant** l'équilibre.*
*2.   **En prenant** ce bus, je suis arrivé en retard.*
*3.   Elle déjeune **en regardant** la télé.*

22. Le discours indirect au présent

DISCOURS DIRECT	DISCOURS INDIRECT
« Tu aimes les pâtes ? »	*Il me demande **si** j'aime les pâtes.*
« Qu'est-ce que tu fais le soir comme activité ? »	*Il me demande **ce que** je fais le soir comme activité.*
« Qu'est-ce qui te plaît à l'école ? »	*Il me demande **ce qui** me plaît à l'école.*
« Où tu habites maintenant ? »	*Il me demande **où** j'habite maintenant.* *
« Écoute le professeur ! »	*Il me dit / demande **d'**écouter le professeur.*
« Ne regarde pas la télé ! »	*Il me dit / demande **de ne pas** regarder la télé.*
« Je t'emmènerai au cinéma demain ! »	*Il me dit **qu'**il m'emmènera au cinéma demain.*

* La même règle pour les questions introduites par **où, quand, qui, combien, comment, pourquoi, quel + nom,** etc.

23. Les pronoms compléments directs et indirects

J'aime mes amis   → *Je **les** aime*   : *pronom direct*
*Je parle **à** Annie*   → *Je **lui** parle*   : *pronom indirect (verbe introduit par la préposition « **à** »)*

Les pronoms indirects remplacent les compléments de personnes uniquement !

A. Les pronoms indirects.

Parler à quelqu'un :
→   il **me** parle, il **te** parle, il **lui** parle, il **nous** parle, il **vous** parle, il **leur** parle.
Avec la négation :
→   il ne **me** parle pas, il ne **te** parle pas, il ne **lui** parle pas, il ne **nous** parle pas, il ne **vous** parle pas, il ne **leur** parle pas.
Au passé composé :
→   il **m'**a parlé, il **t'**a parlé, il **lui** a parlé, il **nous** a parlé, il **vous** a parlé, il **leur** a parlé.
Avec la négation :
→   il ne **m'**a pas parlé, il ne **t'**a pas parlé, il ne **lui** a pas parlé, il ne **nous** a pas parlé, il ne **vous** a pas parlé, il ne **leur** a pas parlé.

→   *Il a parlé **à** ces filles.*   →   *Il **leur** a parlé.*
         *Tu n'as pas téléphoné **au** chef.* →   *Tu ne **lui** as pas téléphoné.*
         *Elle parle **aux** voisins.*   →   *Elle **leur** parle.*

B. Les pronoms directs.

Aimer quelqu'un :
→   il **m**'aime, il **t**'aime, il **l**'aime, il **nous** aime, il **vous** aime, il **les** aime.
Avec la négation :
→   il ne **m**'aime pas, il ne **t**'aime pas, il ne **l**'aime pas , il ne **nous** aime pas, il ne **vous** aime
         pas, il ne **les** aime pas.

→ *Il mange les pommes.*	→	*Il **les** mange.*
Je n'apprécie pas ta mère.	→	*Je ne **l**'apprécie pas.*
Tu adores les belles voitures.	→	*Tu **les** adores.*

Attention au passé composé ! Le participe passé s'accorde en genre et en nombre avec <u>le pronom direct</u> !

Il a mangé les pommes.	→	*Il **les** a mang**ées**.*
On a vu ce film.	→	*On l'a vu.*
Ils n'ont pas vendu leur voiture.	→	*Ils **ne** l'ont **pas** vendu<u>e</u>.*
Vous n'avez pas fait ces gâteaux.	→	*Vous **ne les** avez **pas** fait<u>s</u>.*

C. Construction avec un infinitif :

Avec un infinitif dans la phrase, les pronoms directs et indirects se placent juste avant celui-ci.   *Exemples :*

Elle va écouter ce disque.	→	*Elle va **l'écouter**.*
Il ne va pas parler à Paul.	→	*Il ne va pas **lui parler**.*

D. À l'impératif :

Parle à Pierre ! → *Parle-**lui** !*   *Ne parle pas à Pierre !* → *Ne **lui** parle pas !*
Écoute cette musique ! → *Écoute-**la** !*   *N'écoute pas cette musique !* → *Ne l'écoute pas !*

<u>24. Les pronoms compléments Y et EN</u>

1. Le pronom EN :

Il remplace les compléments introduits par « **de, du, de la, beaucoup de, peu de..., un, une** » **(les indéfinis).**
Il est obligatoire si on ne veut pas répéter le complément.

. Quantité indéterminée :

    Exemple :   Tu bois <u>du</u> café ?   - *Oui, j'**en** bois un peu.*

                                                - *Non, je n'**en** bois pas.*

. Quantité précisée :

    Exemples :   Elle a <u>une</u> moto ?   - *Oui, elle **en** a **une**.*

                                                - *Non, elle n'**en** a pas.*

                  Il boit <u>beaucoup de</u> café ?   - *Oui, il **en** boit **une tasse**.*

                                                - *Non, il n'**en** boit pas **beaucoup**.*

                  Tu as <u>quelques</u> livres ?   - *Oui, j'**en** ai **quelques-uns**.*

                                                - *Non je n'**en** ai **aucun**.*

                  Il achète <u>quelques</u> fraises ?   - *Oui, il **en** achète **quelques-unes**.*

                                                - *Non, il n'**en** achète pas.*

. Le lieu d'où on vient :

    Exemple :   Tu viens <u>du</u> Japon ?   - *Oui, j'**en** viens.*

                                                - *Non, je n'**en** viens pas.*

Construction avec un infinitif :

    Avec un infinitif dans la phrase, le pronom EN se place juste avant celui-ci.

    Exemples :   Elle va écouter <u>un</u> disque.   - *Elle va **en** <u>écouter</u> un.*

                    Il ne va pas boire <u>d'</u>alcool.   - *Il ne va pas **en** <u>boire</u>.*

À l'impératif :

    Exemples :   Fais <u>un</u> gâteau !   - *Fais-**en** un !*

                    Ne fais pas <u>de</u> gâteau !   - *N'**en** fais pas !*

                    Mange <u>de la</u> tarte !   - *Manges-**en** ! **

                    Ne mange pas <u>de</u> tarte !   - *N'**en** mange pas !*

    * (Le « s » du présent est nécessaire pour la prononciation)

2. *Le pronom Y :*

Il remplace les compléments introduits par la préposition **« à »**.
Il est obligatoire si on ne veut pas répéter le complément.

. Il remplace le lieu où l'on est / où l'on va, précédé des prépositions **« à, dans, en »**.

    Exemple :   <u>À la</u> piscine ?   - *J'**y** vais souvent.*

                                              - *Je n'**y** vais jamais.*

. Il remplace un nom ou un verbe introduit par « *à* ».

> *Exemple :*   *Tu penses à ton travail ?*   -   *Oui, j'y pense souvent.*
>   -   *Non, je n'y pense pas beaucoup.*

Construction avec un infinitif :

Avec un infinitif dans la phrase, le pronom Y se place juste avant celui-ci.

> *Exemples :*   *Elle va aller à Paris.*   -   *Elle va y aller.*
>   *Il ne va pas penser aux réformes.*   -   *Il ne va pas y penser.*

À l'impératif :

> *Exemples :*
>
> | | | |
> |---|---|---|
> | *Réfléchis au problème !* | - | *Réfléchis-y !* |
> | *N'allez pas en France !* | - | *N'y allez pas !* |
> | *Va à la mer !* | - | *Vas-y ! ** |
> | *Ne va pas aux États-Unis !* | - | *N'y va pas !* |
>
> ** (Le « s » du présent est nécessaire pour la prononciation)*

25. Les pronoms après une préposition / Les pronoms toniques

A. Après une préposition :

Il y a des animaux   avec /chez...   ***moi, toi, lui / elle, nous, vous, eux / elles.***

B. Les pronoms toniques : Ils servent à insister.

Moi, je fais du sport.	**Toi**, tu vas à la mer.
Lui, il est blond.	**Elle**, elle est blonde.
Nous, nous aimons les pâtes.	**Vous**, vous jouez du piano.
Eux, ils sont belges.	**Elles**, elles habitent à Bordeaux.

Attention !	*Il pense à son travail.*	*- Il y pense.*
	Il pense à son père.	*- Il pense à lui.*
	Il pense à ses amis.	*- Il pense à eux.*
	Il s'occupe de ce travail.	*- Il s'en occupe.*
	Il s'occupe de sa sœur.	*- Il s'occupe d'elle.*
	Il s'occupe de ses amies.	*- Il s'occupe d'elles.*

26. Le subjonctif présent

Il est formé à partir de l'indicatif.
Il faut prendre le radical de la 3ème personne du pluriel (ils) du présent de l'indicatif.
Exemple : prendre → ils prennent   radical : « prenn »
A partir de ce radical, on forme le subjonctif des 3 personnes du singulier et de la dernière du pluriel (je, tu, il/elle, ils/elles) avec les terminaisons du subjonctif.
→ *que je prenne, que tu prennes, qu'il/qu'elle prenne, qu'ils/qu'elles prennent*

Pour la 1ère et la 2ème personnes du pluriel (nous et vous), on prend l'imparfait.
→ *que nous prenions, que vous preniez*

D'autres exemples :	*boire*	→ *que je boive*
	finir	→ *que vous finissiez*
	parler	→ *que tu parles*

Il y a des verbes irréguliers. En voici la liste :

avoir : que j'aie, que tu aies, qu'il ait, que nous ayons, que vous ayez, qu'ils aient.

être : que je sois, que tu sois, qu'il soit, que nous soyons, que vous soyez, qu'ils soient.

aller : que j'aille, que tu ailles, qu'il aille, que nous allions, que vous alliez, qu'ils aillent.

faire : que je fasse, que tu fasses, qu'il fasse, que nous fassions, que vous fassiez, qu'ils fassent.

pouvoir : que je puisse, que tu puisses, qu'il puisse, que nous puissions, que vous puissiez, qu'ils puissent.

vouloir : que je veuille, que tu veuilles, qu'il veuille, que nous voulions, que vous vouliez, qu'ils veuillent.

savoir : que je sache, que tu saches, qu'il sache, que nous sachions, que vous sachiez, qu'ils sachent.

valoir : que je vaille, que tu vailles, qu'il vaille, que nous valions, que vous valiez, qu'ils vaillent.

falloir : qu'il faille

pleuvoir : qu'il pleuve

27. Indicatif ou subjonctif ?

Constructions avec l'indicatif :
La certitude
Je suis sûr / certain qu'il viendra.

L'opinion
Je pense que tu as raison.
Il me semble que c'est vrai.
Il est probable qu'il viendra.

Constructions avec le subjonctif :
Le doute
Je ne pense pas que ce soit vrai.
Il est peu probable qu'il vienne.
J'ai peur qu'il pleuve.

Le souhait
J'aimerais / Je voudrais qu'il soit là.
Tu es content qu'il veuille bien venir.
J'ai envie que tu le fasses.

Certains verbes impersonnels
Il faut que tu fasses ce travail.
Il semble que sa mère soit malade.
Il est important que tu viennes.

Attention ! Certains verbes vont toujours suivis de l'indicatif !
J'espère qu'il sera avec nous ! Quand / Lorsque tu viendras, on ira à la plage.

28. Avant de + infinitif présent / Après + infinitif passé

. *Avant <u>de sortir</u> de chez nous, on se prépare.*   → *infinitif présent*

. *Après <u>avoir fait</u> son travail, il est parti.*   → *infinitif passé*
  Après <u>être tombée</u> par terre, elle s'est relevée.   → *infinitif passé*
  Après <u>s'être levés</u>, les garçons se sont douchés.   → *infinitif passé*

→ L'expression « ~~après de~~ » N'EXISTE PAS !

Pour les verbes de mouvement et les verbes pronominaux, l'infinitif passé est formé avec l'auxiliaire « être », comme au passé composé.

29. La cause, la conséquence, l'opposition

La cause *: parce que, car, à cause de + nom / pronom , grâce à + nom / pronom*

Exemples :   *Je vais dans ce bar <u>car / parce</u> que je peux y parler français.*
             Tu as pu faire ce travail <u>grâce à</u> lui / <u>grâce à</u> ta mère.

La conséquence *: si / tellement + adjectif / adverbe + que, tellement de + nom, verbe + tellement + que, donc, alors, c'est pourquoi, c'est pour ça/cela que*

Exemples :   *C'est l'heure <u>donc</u> je vais à l'école. (conséquence logique)*
             Je n'aime pas ça <u>alors</u> je ne le mange pas. (résultat d'un événement)
             Tu gagnes mal ta vie, <u>c'est pour ça que</u> tu cherches un autre travail.
                   (oral- résultat d'une argumentation)
             Tu gagnes mal ta vie, <u>c'est pourquoi</u> tu cherches un autre travail.
                   (résultat d'une argumentation)
             J'ai <u>tellement de</u> livres que je ne sais plus où les mettre. (tellement de + nom)
             Elle explique <u>si</u> vite que je ne comprends jamais rien. (si + adverbe)
             Elle est <u>si</u> rapide pour expliquer que je ne comprends rien. (si + adjectif)
             Il boit <u>tellement qu</u>'il ne peut plus conduire. (verbe + tellement + que)

L'opposition *: contrairement à, même si + indicatif, mais, pourtant*

Exemples :   <u>*Contrairement aux*</u> *apparences, c'est un homme responsable et compétent.*
             Cette robe me plaît <u>mais / pourtant</u> je ne vais pas l'acheter.
             <u>*Même si*</u> *tu n'aimes pas étudier, tu dois le faire.*